KB070745

안전한 일터가
행복한 세상을 만든다

안전한 일터가 행복한 세상을 만든다

초판 1쇄 발행 2016년 11월 24일
3쇄 발행 2019년 6월 30일

지 은 이 허남석
발 행 인 권선복
편집주간 김정웅
기록정리 이창규, 정건섭
삽   화 김덕호
디 자 인 최새롬
전 자 책 천훈민
인   쇄 천일문화사

발 행 처 도서출판 행복에너지
출판등록 제315-2011-000035호
주   소 (07679) 서울특별시 강서구 화곡로 232
전   화 0505-613-6133
팩   스 0303-0799-1560
홈페이지 www.happybook.or.kr
이 메 일 ksbdata@daum.net

값 15,000원
ISBN 979-11-5602-430-9 03320

Copyright ⓒ 허남석, 2016

도서출판 행복에너지는 독자 여러분의 아이디어와 원고 투고를 기다립니다. 책으로 만들기를 원하는 콘텐츠가 있으신 분은 이메일이나 홈페이지를 통해 간단한 기획서와 기획의도, 연락처 등을 보내주십시오. 행복에너지의 문은 언제나 활짝 열려 있습니다.

만 사 형 통 의   안 전 이 야 기

안전한 일터가
행복한 세상을 만든다

All Injuries Can Be Prevented

허남석 지음

도서
출판 행복에너지

포스코 회장 권 오 준

　철鐵은 모든 산업의 기초를 이루는 소재로, 작은 바늘부터 자동차에 이르기까지 우리 생활 곳곳에 함께하고 있습니다. 이처럼 철은 일상적이고 친근한 소재이지만 용광로에서 녹아내리는 쇳물을 다루어 제품을 만드는 과정은 위험요소가 많은 작업이기도 합니다. 거대한 장치를 다루는 철강 공정에서는 직원 한 명의 사소한 실수가 어마어마한 피해로 이어질 수 있기 때문에, 경영자는 '안전'을 최우선의 가치로 삼아야 하고, 어떤 편법도 허용해서는 안 됩니다. 철강산업에 종사하면서 생산현장을 방문할 때마다 안전의 중요성을 강조하는 것도 이러한 까닭입니다.

　산업 현장뿐만 아니라 우리의 일상 곳곳에도 크고 작은 위험은 항상 존재합니다. 이를 예방하는 유일한 방법은 '기본의 실천'문화를 정착하는 것입니다. 안전한 생각을 통해 안전한 행동을 하고, 이를 습관화하는 것이 '기본의 실천'문화 정착의 과정입니다. 제조업을 이끄는 경영인은 안전을 최우선의 가치로 여기고 의사결정의 기준으로 삼아 전 직원이 안전한 작업환경에서 근무할 수 있도록 더욱 힘써야 할 것입니다.

또한 산업 현장의 리더들에게 펠트 리더십*Felt Leadership*의 중요성은 더욱 강조되고 있습니다. 이는 리더의 솔선수범을 통해 직원들에게 자율안전문화 정착을 도모하는 관리 역량으로, 경영자의 안전 마인드가 산업 현장에 어떻게 전파되어 행동변화를 이끌어 내는지를 보여줍니다. 『안전한 일터가 행복한 세상을 만든다』의 저자인 허남석 님은 포스코 광양제철소 제선부장 역임시절 고열, 고압, 유해 가스 노출 등의 잠재 위험이 산재한 현장에서 무재해 1,000만 시간의 기록을 세운, 포스코의 '안전 전도사'로 불리던 분입니다. 이 책에서는 직원들의 안전 의식 함양과 행동변화를 도모하기 위한 경영 활동, 그리고 안전 기반의 통합 표준을 만들어 지식근로자를 양성하기까지의 과정이 생생하게 담겨 있습니다.

광양제철소 소장을 역임하며 포스코의 현장 개선활동인 QSS*Quick Six Sigma*로 설비에 강한 지식근로자를 키우고 안전 의식과 생산성 향상을 도모하는 과정이나, 최고로부터 배운다는 자세로 듀폰의 안전 시스템을 컨설팅받고 글로벌 안전 시스템을 구축하는 과정도 흥미롭게 소개되어 있습니다. 또한 외주 파트너사와 상생相生을 추구하는 포스코의 경영 이념도 여러 기업 사례와 함께 다루고 있습니다.

특히 포스코ICT 대표이사 시절 '감사 나눔' 활동을 통해 이질적인 기업 간 통합 과정에서 직원의 자존감을 배양해 크게는 법과 질서를, 작게는 일상에서의 안전을 지키는 '긍정과 감사'의 리더십을 펼친 바 있습니다.

이 모든 활동은 리더가 먼저 모범을 보이는 펠트 리더십과 코칭 스킬로 가능한 일이었고 기업 조직의 높은 성과와 생산성 향상으로 연결되었습니다.

철로 만든 뾰족한 바늘을 가치 있게 사용하면 따뜻한 옷을 재봉할 수 있지만, 가치 없이 휘두르면 도리어 날카로운 바늘이 다른 사람을 해칠 수도 있습니다. 바라건대 『안전한 일터가 행복한 세상을 만든다』가 우리 기업과 사회를 움직이는 많은 리더분들과 장래의 리더를 꿈꾸는 모든 이들에게 긍정적인 자극을 주고, 우리 사회를 '안전의 길'로 이끄는 데에 크게 보탬이 되었으면 합니다.

2016년 11월

안전한 일터가 행복한 세상을 만든다

일신우일신,
그 출발점은 안전이다

일어나서는 안 될 참사였다. 결코 잊을 수 없을 것이다. 2014년 4월 16일 발생한 '세월호 사건'은 우리가 기억하게 될 동시대의 가장 큰 비극이다. 참사 이후 한국 사회에는 안전이라는 화두가 엄중하게 던져졌다. 침몰한 세월호를 계기로 국민 안전을 지키기 위한 여러 법적인 제도가 마련되고 안전 시스템이 보완되었다. 그러나 2년여 시간이 흐른 지금, 피부에 닿도록 바뀐 것이 있는가. 제2의, 제3의 세월호는 없다고 확신할 수 있을까. 함께 숨 쉬는 공동체의 안전을 헐값에 팔아넘긴 안전 불감증은 고쳐지지 않을 것 같다. 언제나 사고로 이어질 지뢰와 같은 위험 요소가 우리 사회 저변에 도사리고 있다.

나는 1974년 포항제철소 문을 들어섰다. 그로부터 서른 해를 현장에서 쇳물이 녹아드는 용광로와 함께 살았다. 때로는 생명에 위험이

7
• • •
프롤로그

닥쳐 죽음의 문턱까지 가보기도 했다. 그리고 그 위험을 이겨 내는 안전한 방법을 구하고자 무던히도 달려왔다. 제철보국製鐵報國의 열정으로 청춘을 보냈다. 제선부장, 제철소장, 포스코 COO/CTO 보직을 맡아 오면서 현장을 떠난 적이 없었다. 포스코에서 보낸 40여 년의 경험은 '안전'을 향한 혁신의 여정이었다. 중요한 길목마다 안전이라는 디딤돌에 기대어 뚜벅뚜벅 걸어온 삶이었다. 안전은 아는 만큼 보이고 보이는 만큼 개선할 수 있다. 끊임없는 학습과 혁신 활동을 통해 모든 직원이 안전의 전문가인 지식근로자로 발전할 수 있도록 조직을 이끈 것도 이런 이유였다.

안전 의식의 토대는 법과 규정을 스스로 지킬 수 있도록 하는 '자존감'이기에, 포스코ICT 초대 사장으로 부임해서도 무엇보다 직원들의 자존감을 배양하고자 노력했다. 조직 구성원이 자연스럽게 느끼는 솔선수범의 리더십으로 '긍정적인 조직', '감사를 나누는 조직'을 만드는 목표를 이뤄 갔다. 어쩌면 나 자신이 24시간 식지 않는 용광로는 아니었을까 하는 생각마저 들 정도였다. 용광로 속 쇳물만큼 뜨겁게 쉬지 않고 일해 왔다는 것이다.

산업 현장에서 일어나는 모든 사고들은 우연에 의한 것이 아니었다. 분명 원인이 있었다. 사고 사례를 돌아보면서 원인과 현상을 구체적으로 분석했다. 그리고 그 예방책과 대응책을 고민해서 만들어냈다. 국내외 전문가들과 만나 조언을 듣고 토론하였다. 사업장 안전을 위해 기업 리더가 해야 할 일이 무엇인지를 깊이 궁리했다. 그만큼 안전에 대한 지식과 정보는 축적됐으나 아쉽게도 체계가 제대로 서지 않았다. 대증적對症的인 것들이라 단편적이고 산만했다는 것이다. 그래서 위험 예방, 안전 대응책, 그에 따르는 실천과 경험들을 나누고, 정리하고, 통합해서 기록으로 남겨야겠다고 결심했다.

안전에 대한 가치*Safety Value*는 빛나는 경제적 번영을 일궈 내고도 선진국 문턱을 넘지 못한 채 주춤거리는 한국 사회의 재도약을 이끌 핵심 요소다. 안전이란 단순히 사고가 일어나지 않는 상태를 가리키는 소극적 개념이 아니다. 기업과 사회 환경에서의 안전은 상호 신뢰 문화를 조성하고 지속 가능한 성장과 생산성 향상의 버팀목이 된다. 안전한 사회일수록 구성원이 느끼는 자존감과 삶에 대한 만족도가 높아진다. 즉 안전을 통해 삶의 질을 실질적으로 제고할 수 있는 것이다.

고故 김수환 추기경은 생전에 "우리 국민은 법과 규정을 잘 지키지 않고 배려가 부족하다"라는 따끔한 지적과 함께 안타까워하였다. 또한 1993년 삼성 '신경영'의 신호탄은 '자기 자신을 사랑하지 않기 때문에 기본을 지키지 못하는 것'이라는 이건희 회장의 냉철한 판단에서 출발했다. 나 역시 안전한 현장과 사회를 만들기 위해 필요한 게 무엇인지를 하나하나 탐색해 가던 과정에서 경영층의 안전 리더십이 갖는 중요성을 실감하게 되었다. 즉 경영층부터 솔선수범하며 진정성 어린 다양한 소통을 통해 공감대를 형성해야만 직원들의 자존감과 안전 의식이 자리 잡을 수 있다는 것이다. 가정에서도 어릴 때부터 안전의 중요성을 일상적 경험 속에서 체감하도록 하는 안전 교육이 필수적이다. 이러한 공감대 속에서 자신 사랑, 가족 사랑, 동료 사랑을 실천하도록 노력해 왔던 일들이 이 책을 쓰는 데 큰 도움이 되었다.

고대 중국의 탕왕湯王은 성군으로 칭송받았다고 한다. 그는 자신의 입장이 아니라 백성의 입장에서 세상을 읽었고 나라를 다스렸다. 그의 통치는 세숫대야에 새긴 '구일신일일신우일신苟日新日日新又日新' 아홉 글자에 바탕을 두고 있었다. 그는 아침에 세수할 때마다 스스로를 비춰 보며 늘 깨어 변화하려 노력했다. 탕왕을 깨어 있도록 한 명구는 나에게도 좌우명이 되어 버렸다. 바로 '일신우일신日新又日新'이다. 어제와 다른 오늘을 맞이하기 위해서 필요한 건 '안전 가치value'라는 사실을 생생히 느끼며 매일 새로운 자세로 자신을 담금질해 왔다.

내 고향 마산에서 쓰는 말로 '마카'라는 사투리가 있다. 전부, 모두라는 뜻인데 이 말을 들을 때 특유의 호쾌한 기분을 참 좋아한다. "마카!"를 외치면 그 무엇이든 함께해 나갈 수 있다는 힘이 생긴다고 할까. 사회생활을 시작한 지 수십 년이 지났지만, 초년병 시절 용광로 앞에 섰을 때를 다시 떠올려 본다. 제철소의 용광로는 높이가 110여 미터. 높이가 높아 '높을 고高' 자를 써서 고로高爐라고 부른다. 오늘 나는 또 다른 높이의 고로에 서서 이 시대 '안전'의 용광로에 불씨를 지피려 한다. 모두가 안심할 수 있는 '안전한 내일'을 위해 "마카!"라고 힘차게 외치면서.

2016년 겨울을 맞이하며
허남석

목
차

1 장

안전의 방패를 들어라

2 장

안전한 일터 만들기 1 — 기본을 다지다

3 장
안전한 일터 만들기 2 — 안전지대를 넓히다

4 장
안전한 일터 만들기 3 — 안전지대를 굳히다

5_장 안전마패로 일터를 밝히다

6_장 만사형통의 안전 이야기

7장

의식을 바꿔야 변화가 온다

8장

행복한 세상을 만드는 지름길

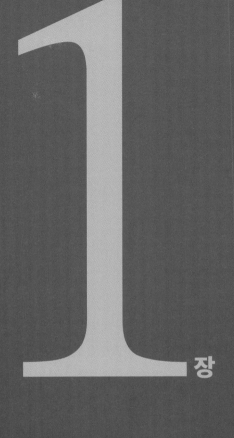

1장

안전의
방패를 들어라

위기의 시대,
위험의 시대

　　　　　　　　　　모두가 위기를 말하는 시대다. 감사할 일보다는 분노할 일이 더 많다는 세태다. 소득은 제자리인데 먹을거리나 생필품 물가는 더없이 오른다. 젊은이들은 학업을 마치고도 마땅한 일자리를 구하지 못해 낯빛이 어둡다. 수시로 터지는 대형 재난과 안전사고에는 어디서 본 듯한 판박이 대책만 메아리치고, 그걸 보는 국민들의 마음은 불안해진다. 절대적 빈곤에 시달리던 헝그리 *Hungry* 사회를 지나고 나니, 어느새 빈부 격차와 상대적 박탈감에 분노하는 앵그리*Angry* 사회가 되었다. 절대적 경제 수준은 확실히 나아졌어도 분배가 불공평하다고 느끼는 사람이 많아졌기 때문이다. 한국 사회는 거대한 갈등의 저장고가 되어 버렸다.

　　그렇다면 지금 글로벌 경제의 엔진 상태는 어떤가. 소비시장 확대에 따른 공급 과잉의 호시절은 끝난 지 오래다. 저성장, 저수익, 고

실업의 흐름 속에서 세계 각국은 골머리를 앓고 있다. 성장과 침체가 번갈아 찾아오던 경기 사이클이 이제는 예측 불가다. 인구절벽이라는 용어가 일상화될 만큼 물건을 사 줄 인구는 계속해 줄어들고, 우리나라뿐 아니라 중국, 일본, 구미 주요 국가의 경제 성장률 그래프는 하향세를 그리고 있다.

이제 한국이 패스트 팔로어*Fast Follower*이던 시절은 다시 돌아오지 않는다. 퍼스트 무버*First Mover*가 되어야만 급박한 세계 경제 속에서 생존할 수가 있다. '하면 된다' 정신으로 무장했던 우리 국민이 '되면 한다'는 식의 집단적 무기력증에 빠져 있다. 이 총체적 위기 상황을 어떻게 돌파할 수 있을까.

고성장 시대의 '빨리빨리' 문화는 한강의 기적이라는 달콤한 열매를 우리에게 선사했다. 앞으로의 성공 스토리는 문법 자체가 다르다. 정부와 기업이, 경영자와 근로자가 상호 신뢰하는 든든한 토대 위에서만 지속 가능한 성장을 꾀할 수 있기 때문이다. 개인은 누구나 불평등과 위험 요소로부터 보호받기를 원한다. 따라서 기업의 경영자는 긍정성에 바탕한 상생의 리더십을 만들어 가고, 근로자는 자존감을 느끼며 안전하게 일하는 기업 문화 조성에 참여해야 한다. 사회 각 부문에서 원칙을 지키는 문화가 뿌리를 내려야 신뢰의 자본이 축적되고, 위기 극복의 에너지를 모을 수 있다.

경영 현장으로 시야를 좁혀 보자. 노勞와 사使의 상생과 신뢰 형성을 위해 경영자는 산업 현장의 안전 관리를 강화하고, 관련 규정을 예외 없이 준수하도록 솔선수범해야 한다. 아무리 우수한 선진 안전 시스템을 들여온다 해도, 조직의 리더가 먼저 행동하지 않으면 안전 활동이 조직 전체에 확산될 수 없다. 또한 근로자 스스로 자신의 가치를 존중하고 안전 철칙을 반드시 지킬 수 있어야 한다. 삶에 만족하며 일터와 가정에서 감사함을 느끼도록, 인간 중심의 경영 환경을 리더가 적극적으로 구축해야 한다. 직장에서의 일과 개인 생활은 별개가 아니다. 반드시 함께 조화를 이뤄 함께 돌아가야 하는 2개의 톱니바퀴와 같다. 근로자가 안전하게 일할 수 있는 직장이 있어야 행복한 개인이 있다. 행복한 개인이 모여 안전한 사회를 이룬다. 개인의 자존감과 상호존중 의식이 모여 사회집단 전체의 신뢰 구조를 형성할 수 있다.

우리나라에서는 최근 서비스업 부문이 커지면서 산업 현장은 전통적 의미의 공장만이 아니라 우리 주변 어디서나 접하게 되는 생활공간으로 확대되었다. 안전 시스템이 작업장에서만 작동하는 것이 아니라 일상생활에도 적용하는 개념이 되었다는 뜻이다. 그렇지만 아직 안전 시스템에 대한 기업의 이해도는 여전히 낮다. 특히 규모가 작은 기업은 체계적인 안전 관리를 하지 못해 같은 유형의 사고를 반복적으로 당하곤 한다. 작업장에서 안전사고나 신체상 재해가 발생하면 근로자 개인의 과실로 치부하는 경우가 대부분이다. 근무 중 주의를 기울이지 않아서 사고를 당했다는 식이다.

왜 사고가 발생하는 것일까. 유형과 사례는 무수히 많겠지만 이유는 단 하나다. 원칙을 지키지 않아서다. 안전에 대한 원칙은 어길 수

안전한 일터가 행복한 세상을 만든다

없는 철칙鐵則이어야 함에도 원칙을 지키도록 이끄는 리더십이 부재한 탓이다. 조직의 안전 수준은 안전을 바라보는 리더의 눈높이를 넘지 못한다. 이 시대의 리더는 자신이 이끄는 분야에 최적화된 안전 시스템을 발굴하고 운영해야 한다. 이때 반드시 필요한 것이 펠트 리더십Felt Leadership이다. 펠트 리더십이란 팔로어Follower에게 느껴지는 리더의 자질을 말하며, 리더가 먼저 변화된 행동을 보일 때 조직 구성원이 리더를 롤모델Role Model로 삼아 스스로 변화를 도모한다는 개념이다. 안전이 최고의 가치이자 기업 문화로 자리 잡은 듀폰DuPont의 펠트 리더십을 우리 모두 최고로부터 배운다는 자세로 벤치마킹하도록 권하고 싶다. 펠트 리더십을 갖춘 리더가 원칙 있는 태도로 지속적인 진정성을 품을 때 그 조직은 '안전한, 긍정적인, 감사를 나누는' 조직으로 발전할 수 있다. 위기관리를 말할 때 가장 중요한 것은 리더가 위기에 대응하는 관점과 자세다. 오늘의 위기를 극복할 힌트도 이곳에 있다.

위기를 돌파하는
리더의 자세

　　　　　　　　　　　　여러 상황을 종합해 보면 어려운 시
기가 다가오고 있는 것이 분명하다. 앞으로 닥칠 위기란 이제까지 우
리가 경험하지 못한 유형일 확률이 높다. 세계적이며 장기적인 위기
이기 때문이다. 사람이 생로병사를 겪는 것처럼 기업도 흥망성쇠를
거친다. 개인 삶이든 기업에서든 위기의 순간이 흥興이냐 망亡이냐 방
향을 정하는 티핑포인트*Tipping Point*가 되곤 한다. 위기는 기회가 될 수
있다. 고난과 역경 앞에서 그 순간을 어떻게 대응하느냐에 따라 180
도 방향이 달라진다. 성장할 수도, 추락할 수도 있다.

　커뮤니케이션 전문가인 김주환 교수는 회복탄력성*Resilience*을 강조한
다. 회복탄력성이란 한마디로 '마음의 근육'이다. 곤경에 처했을 때
이를 극복하고 환경에 적응하여 정신적으로 성장하는 능력이라 할
수 있다. 이는 우리 삶에서 벌어지는 다양한 사건들에 대해 어떠한

관점에서 보고 스토리텔링*Storytelling* 하느냐에 따라 달라지므로 건강하고 행복한 삶을 살고 강한 회복탄력성을 유지하기 위해서는 긍정적으로 스토리텔링 하는 습관을 들여야 한다고 김 교수는 강조한다.

변화를 이끄는 소통의 리더십

앞에 서서 '나를 따르라' 외치는 강한 리더십이 과거엔 통했다. 20세기 산업화 시대에는 지위에 근거한 권위적 리더십이 힘을 발휘했다. 그렇지만 지금은 21세기 지식산업 시대다. 부하 직원에게 지시를 내리기만 하는 사람이나 아랫사람을 수족처럼 부리는 이는 리더 자격이 없다. 진짜 리더는 부하가 스스로 일하도록 만드는 리더, 불완전한 리더*Incomplete Leader*다. 불완전한 리더는 무능한 리더*Incompetent Leader*와는 다르다. 불완전한 리더는 자신이 잘하는 것과 잘하지 못하는 것에 대해 정확하게 파악하고 그 빈틈을 타인에게 채워 달라 요청한다. '이 부분은 자네가 전문가인 것 같으니 나를 좀 도와주겠나' 하고 먼저 말을 건넨다. 소통 능력이 리더의 덕목으로 중시되는 까닭이다.

리더는 구성원들이 끊임없이 새로운 길을 모색하고, 혁신을 추구하고, 자신의 아이디어를 자유롭게 이야기하며 토론할 수 있게 판을 열어 줘야 한다. 뚜렷한 비전과 전략을 제시하되, 구성원이 자연스럽게 자신이 처한 상황을 읽고 변화의 출발점을 찾을 수 있도록 커뮤니케이션 해야 한다. 기업에서도 업무 수행 방식이나 과정을 스스로 선택하고 결정할 수 있도록 어느 정도 자율적 권한과 성취 기회를 부여할 때 직원의 책임감이 고양되고 조직 전체의 목표를 효과적으로 성취할 수 있다.

전 임직원이 회사의 위기가 곧 나의 위기라고 절감하면 좋겠으나 실제 경영 현장에서는 위아래 온도차가 큰 경우가 많다. 리더는 위기를 피부로 금세 느낄 수 있지만, 습관적으로 시키는 일만 해 왔던 직원이라면 현실에 둔감할 수밖에 없다. 조직 구성원이 위기를 위기로 받아들이지 않고 있다면 그건 리더의 책임도 크다. 정말 급박한 상황이라면 위부터 확연히 달라지는 모습을 보였을 테니 말이다. 전쟁 중의 장군은 잠들 때에도 갑옷을 벗지 말아야 하지 않겠는가. 변화 관리의 만능열쇠는 리더의 진정성과 열정에 있다.

이순신 장군은 부하들을 믿고 일을 맡겼다. 전문성을 인정해 거북선을 만들 때는 전문가에게 전권을 줬다. 지도자의 신뢰는 선순환을 불러온다. 신뢰는 소통을 통해 쌓인다. 전투 작전을 수립할 땐 관련 장수 모두를 참여시켜 그들이 자유스럽게 의견을 개진할 수 있도록 했다. 심지어 자신의 결정에 지나치게 반대하는 부하의 의견도 묵묵히 경청했다. 기본적인 규정 준수에는 엄격함으로 대처하지만 그와 더불어 격의 없는 소통의 자리 역시 열어 두었던 것이다.

직원이 행복한 일터

코페르니쿠스가 1543년 내놓은 지동설은 획기적인 관점의 전환을 보여주었다. 지구를 중심으로 태양이 돈다는 기존 관점을 뒤집어 태양을 중심으로 지구가 돈다는 주장을 펼친 것이다. 우리도 관점을 바꿔야 한다. 성장의 시대에는 성공을 중심으로 행복이 돌았지만, 정해진 답이 없는 시대에는 개인이 행복해야만 성과를 낼 수 있다. 그래서 행복을 중심으로 성공이 돈다는 사고로 발상을 전환해야 한다.

되돌아보면 우리 기업들이 과거 고도 성장기에는 리더의 경험적 판단과 강한 실행력만으로도 성공을 이뤘다. 그리고 그 결과를 기업 전체의 행복으로 여겼다. 그러나 불확실성이 일상화된 뉴 노멀*New Normal* 시대, 기업에서는 행복한 직원들이 성과를 낼 수 있다. 상하 간 활발한 소통을 위한 혁신 기법이 필요하다는 말이다. 바닥을 치고 탄력 있게 올라오는 고무공처럼 조직 구성원의 마음과 의식의 바닥에서부터 변화가 시작되어야 한다.

그렇다면 어떻게 회복탄력성을 강화할 것인가? 김주환 교수는 긍정성의 강화가 답이라고 말한다. 긍정성을 강화하면 자기 조절 능력과 대인 관계 능력을 동시에 높일 수 있다는 것이다. 긍정성을 습관화해서 누구나 회복탄력성을 높일 수 있다. 긍정의 습관화는 뇌를 긍정적인 뇌로 바꿔나간다는 뜻이다.

긍정을 습관화하는 실천적 방법은 감사感謝다. 유대인들이 경전 다음으로 즐겨 읽는다는 『탈무드』는 가장 행복한 사람은 감사하는 사람이라고 가르친다. '행복한가?'라는 질문을 복권에 당첨된 이들에게 던졌더니 당첨된 순간의 행복 수준은 매우 높았지만 시간이 지나자 곧 원점으로 돌아왔다고 한다. 외부 사건에 의해 발생하는 만족은 늘 일시적인 행복만 가져온다는 뜻이다. 감사함을 통해 내면의 행복을 누리는 사람이라면 일시적 쾌락에 연연하지 않고 삶 전체를 기쁘게 마음 깊이 받아들인다. 감사할 줄 아는 사람은 긍정성에 기반해 사회와 기업의 제도적 원칙을 준수하고 타인과 원활히 공존할 수 있게 된다.

　얼마 전 방문한 중국의 기업 현장에서 나는 순간 아찔함을 느꼈다. 실제 우리는 중국기업의 약진을 체감하고 있다. 그동안 한국 제조업의 중심축이었던 조선, 철강, 석유화학, 전자, 반도체 등 모든 업종이 중국발 태풍에 속절없이 휩쓸려 가는 중이다. 스마트폰 시장은 '16년 IDC 발표에 의하면 1위 삼성, 2위 애플에 이어 3위 화웨이, 4위 오포, 5위 비보 등 중국 차지다. 중국 기업이 무서운 이유는 값싼 노동력에 기술과 품질 경쟁력까지 더했기 때문만이 아니다. 기업의 존재 기반은 결국 사람이라는 인식을 기업 문화로 승화시키면서 종업원과 소비자의 마음을 파고들고 있어서다.
　샤오미의 기업문화는 '신뢰와 사람'으로 함축된다. "직원을 더욱 신뢰하고 충분한 권한을 줄수록 그들은 업무에 성실하게 임한다." 사람과 신뢰를 강조하는 샤오미의 창업주인 레이쥔雷軍 회장의 말이다. 중국의 다른 기업 레노버나 화웨이 역시 사람 중심의 수평적 기업문화가 발달했다. 직원들은 사내에서 직급 호칭이 아닌 서로의 이름을 부른다.

　리더의 역할은 아무리 강조해도 지나치지 않다. 우선 기업의 경영 전략 수립과 실행력을 통해 성과를 내야 하기 때문이다. 이러한 활동

안전한 일터가 행복한 세상을 만든다

이 선순환하며 일상에 기본이 되는 기업의 문화를 만드는 일이다. 기업 문화가 바로 경쟁력이다. 따라서 문화를 만드는 것이 리더의 주요한 일이다. 직원이 스스로 하는 일에 의미를 부여하고, 토론하며, 협업을 통해 올바른 보상과 평가를 받는 일하는 방식을 뿌리내려 가야 한다.

리더는 위기를 기회로 바꾸고, 획기적인 관점 전환을 선도해야 하며 원칙을 지키는 안전 시스템을 구축하고, 일과 가정의 양립과 같은 바람직한 기업 문화를 선도하여야 한다. 어떤 기업 문화를 일구어 낼 것인가, 얼마나 조직 구성원의 관심과 몰입을 끌어낼 수 있는가. 그것이 바로 혁신의 기준이다. 직원의 행복을 중시하는 인본주의 경영만이 스스로 혁신하는 조직을 만들어 낼 수 있다.

안전천하지대본
安全天下之大本

　　　　　　　　　　　　달력을 들여다보면 수많은 기념일이
있다. 내 생일은 4월 5일, 그러나 나에겐 또 다른 생일이 있다. 8월
19일이다. 다시 태어났기 때문이다.

　29살 때 제선부 고로^{용광로} 계장 시절이다. 당직을 섰다. 일을 마치
고 목욕탕에 앉아 피로를 풀고 있던 중 정신이 몽롱해졌다. 순간 탕
안에서 나가야겠다는 마음밖에 안 들었다. 필사적으로 정신을 차려
탕 바깥으로 나가려 애썼다. 그러는 중 의식이 희미해졌다. 정신을
차려 보니 병원이다. 청소하는 분이 아침에 출근해서 욕실 출입구 쪽
으로 고개를 내민 채 의식불명이 된 날 발견했다. 당시 사람들은 내
게 영양실조가 아니냐, 결혼해서 아내와 떨어져 있다 보니 허해진 것
아니냐고 걱정했다. 그런데 오후에 유사 사고가 발생하여 조사한 결
과, 용광로에서 나온 가스가 원인이었다. 스팀을 이용해서 목욕물을

데워 썼는데, 스팀 라인에 용광로 가스가 혼입된 탓이었다. 일산화
탄소가 대부분인 가스였기 때문에 중독된 것이다. 탕 속에서 죽을 뻔
한 일을 겪고 난 다음, 나는 이날을 새로운 생일로 삼고 있다. 어쩌
면 이날이 있었기에 나는 '안전'을 평생의 화두로 삼고 있는 것 같다.

공급이 부족한 고도 성장기에는 생산이 우선이었다. 그러나 지금
은 공급 과잉 시대다. 이럴 때일수록 무엇보다 기업이 자연환경은 물
론 사회 환경 울타리 안에서 지속 가능한 성장을 이루기 위해서는 안
전의 가치를 최우선으로 해야 한다. 안전을 지키지 못해 대형 사고나

재해가 발생한다면 이는 기업의 생존에 직결됨은 물론 사회 전체의 긍정성을 훼손하는 문제이기 때문이다. 산업 현장에서 안전사고가 발생하면 근로자의 의욕을 꺾고, 긍정성이 약화되어 개인의 가정생활에도 악영향을 끼친다. 난파선에는 어느 방향의 바람도 역풍逆風이 된다. 1건의 사고라는 성난 파도가 작업장을 흔들면 선원들은 우왕좌왕한다. 내 동료나 선후배가 겪은 산업재해로 타격을 입은 제조 현장에 다시 생동감을 불어 넣기란 너무나 어려운 일이다. 악화된 경영 실적은 내년이든 내후년이든, 어떻게든 만회할 수 있지만, 긍정성을 잃은 조직을 되살리는 것은 더 오랜 시간이 걸린다.

최근 몇 년 사이 우리 사회는 어처구니없는 안전사고들을 잇달아 겪고 있다. 산업 현장 사고에는 식상할 정도로 '총체적 안전 불감증이 빚어낸 전형적인 인재人災'라는 비난이 빗발친다. 그러나 약속이나 한 것처럼 똑같은 사고는 다시 발생하고 만다. 안전을 등한시하는 사회에 희망은 없다. 생산성과 공기工期 단축이 미덕이던 속도전 시대의 관행으로는 산업 현장의 사고를 막을 길이 없는 것이다.

안전사고는 기업의 신뢰도 추락으로도 이어진다. 존경받던 기업이 하루아침 불법적, 편법적 노동을 강요해 온 악덕 기업이라는 이미지로 곤두박질칠 수도 있다. 심할 경우 기업은 존폐의 기로에 서기도 한다. 안전은 기업 존립의 바탕이 되는 브랜드 가치다. 최근 들어 안전 경영이 떠오르며 강조되는 이유다.

믿기 힘든 제품 안전성

산업 현장 안전만큼 기업의 경쟁력을 좌우하는 것은 제품 안전성이다. 특히 최근 생필품 등 소비재의 성능은 물론 성분 하나하나를 꼼꼼히 따지는 똑똑한 소비자들이 늘었기 때문에 제품 안전성은 더욱 경쟁력의 잣대가 된다. 올바른 기업을 가려내는 소비자의 영향력이 커졌다. 소비자의 눈을 속이고 단기적 이윤만 추구했다가는 브랜드 신뢰도 추락은 물론 생존까지 위태로워질 수 있다. 최근 대두되는 소비자시민성Consumer-Citizenship은 일상적 소비 품목에 대해서도 공동체 가치 추구와 사회적 책임을 실천하는 기업의 태도를 요구하고 있다.

2016년 8월 삼성전자의 최신 스마트폰 '갤럭시노트7'의 발화發火 문제가 불거졌다. 국내외에서 유사한 사고가 잇따르며 소비자 불안이 심해지는 등 거센 논란이 일파만파였다. 세계 제일의 품질이라 인정받던 삼성의 스마트폰이 제품 안전성 문제로 수모를 겪는 초유의 사태에 직면한 셈이다. 초기 발화 사태 때 삼성은 '배터리 결함'을 원인으로 지목하고 전량 리콜 조치하였으나 교환된 새 제품에서도 발화현상이 발생하였다. 삼성전자는 결국 10월 11일, 갤럭시노트7을 출시 50여 일 만에 단종하기로 결정하고 2차 리콜에 들어갔다. 더 이상 소비자 안전을 위협해서는 안 된다고 판단했기 때문이었다.

삼성전자가 애플과 스마트폰 생산 양강兩强 구도를 구축했던 것은 소비자가 신뢰할 만한 높은 기술력 덕분이었다. 항상 손에 쥐거나 몸에 휴대하는 스마트폰이기 때문에 제품 안전의 중요성은 두말할 나위가 없다. 그럼에도 경쟁사 신제품의 출시를 앞두고 시판을 서둘러 결정한 탓에 치명적인 결함을 놓쳐 버린 것 같다. 삼성 스마트폰이 제품 결함으로 시장에서 철수한 것은 갤럭시노트7이 처음으로, 매출 손실과 함께 삼성의 브랜드 이미지에도 악영향을 피할 수 없게 되었다.

삼성의 이미지와 한국경제에 타격을 입힌 이번 사태에서 한국 기업 특유의 수직적 조직문화가 이런 결과와 무관하지 않다. 애플의 '아이폰7'보다 먼저 출시하려 무리하게 공정을 앞당기려다 제품 결함을 자초했고, 초기 발화 사태 때에도 철저한 원인 규명을 제쳐 두고 황급히 수습하려고만 했던 미숙한 대응이 화를 키웠다는 분석이다. 톱다운*Top-down*의 과감한 의사 결정 방식은 삼성을 비롯한 한국 기업의 경쟁력으로 평가되었으나, 안전과 품질 문제에 있어서는 이 방식이 부메랑으로 돌아왔다. 발 빠른 혁신에만 집중하느라 정작 소비자가 가장 중시하는 '안전'의 가치를 놓쳐 버렸다. 한국 기업은 이번 갤럭시노트7 리콜 사태를 통해 제품 안전성의 가치와 기업과 소비자 간 신뢰 관계의 참뜻을 되새기는 값진 교훈을 얻어야 할 것이다.

품질을 안전하게 관리하지 못했을 때 기업의 미래는 어둡다. 안전은 지출이 아니라 가장 중요한 투자다. 연세대학교 사회환경 시스템 공학부 조원철 명예교수는 선진국에서는 안전을 위해 들이는 비용을 손해를 막아주는 수입 개념으로 생각한다고 말한다. 미국의 경우 안전 관리에 투자했을 때 평균 16배 이익이 난다고 보고 있고, 정도의 차이는 있지만 일본이나 독일 등도 이러한 인식이 다르지 않다고 한다. '안전제일'의 가치를 철저하게 경제적 관점에서 다루고 있기에 모든 이슈는 안전과 융화되어 다뤄진다. 이런 문화에서라면 이익을 가장 소중하게 여기는 기업 CEO들이 앞다투어 안전 경영에 뛰어들 것이고, 기업이 달라지면서 그 기업의 구성원과 사회 전체도 안전을 사회적 투자라고 여기게 되지 않겠는가. 우리의 모습과는 다른 선진 강국의 안전에 대한 뚜렷한 신념과 철학을 엿볼 수 있다.

생산 현장에서 PQCD라는 키워드가 있다. 생산성*Productivity*, 품질 *Quality*, 비용*Cost*, 납기*Delivery*를 칭하는 말이다. 그러나 PQCD의 바탕에 는 안전*Safety*이 자리 잡아야 한다. 안전의 토양을 조성하지 못한 기업 은 PQCD 측면에서 지속적인 성장도 어려울 뿐 아니라, 돌발 상황 발생 시 일시에 무너지는 사상누각沙上樓閣이 될 수도 있다.

안전은 모든 것의 근본

'왜 우리 주변에서는 대형 안전 재해가 끊이지 않는 것일까', '어떻게 하면 우리가 안전한 환경에서 행복할 수 있을까'라는 물음으로부 터 이야기를 시작했다. 그리고 2014년 4월 세월호 참사를 접하면서 이렇게 참담하고 슬픈 사건을 넘길 것이 아니라, 이를 계기로 우리의 안전에 대한 의식과 행동을 바꿀 수 있는 기회로 삼아야 한다고 뼈아 프게 느꼈다. 물질적으로 풍족해졌으나 아직까지 우리는 과거의 희 박한 안전 의식을 등에 업고, 때때로 우리의 삶을 송두리째 불행에 떨어지게 만드는 안전사고를 겪고 있는 것이 안타까운 현실이다.

안전은 사회 구성원을 지키는 최소한의 방패다. 금이 간 방패로는 결코 싸움에서 이길 수 없다. 운 좋게 한두 번 승리를 거두었다 해도 다음 결투에 나서기 전까지는 반드시 부서진 방패를 고쳐야 한다. 우리는 안전이라는 방패를 튼튼하게 관리하고 있는가. 날카로운 창과 칼의 화려함에만 관심을 둔 채, 기업과 사회를 묵묵히 지켜 주는 방패와 같은 안전의 가치를 놓치고 있지는 않은가. 어느 기업이든 직원은 직장이 나를 지켜 주고 이 조직에 나와 내 가정의 미래를 맡길 수 있다고 믿을 때, 최고의 능력을 뿜어낸다. 기업의 성과는 그저 갈구한다고 얻을 수 있는 것이 아니다. 기업 구성원은 내가 리더로부터 존중받고 있다고 여길 때, 조직의 원칙과 시스템으로부터 보호 받고 있다는 확신이 있을 때 그 회사의 주인이 돼 움직이고 생각한다. 개인이 주인의식*Ownership*을 갖고 행동할 때 한 사람의 삶도, 가정도, 사회도, 국가도 견고해질 수 있다.

2016년 9월 경북 경주시 인근에서 발생한 규모 5.8의 지진은 한반도가 더 이상 지진 안전지대가 아님을 일깨워 줬다. 관측 이래 최대 규모인 강진으로 많은 국민이 공포와 충격에 시달려야 했다. 지진 발생 상황과 대응 요령조차 국민에게 신속하게 알리지 못한 우리 정부의 미숙한 대응은 2011년 3월 동일본 대지진*규모 9.0* 당시 일본 정부의 기민한 대응과 확연한 대조를 이루며 비판받았다. 대지진 당시 일본에서는 지진경보시스템에 따라 지진속보가 자동 발령되었고, 동시

안전한 일터가 행복한 세상을 만든다

에 일본 국민은 평소 훈련을 반복하며 체득한 지진 대응 안전 매뉴얼에 따라 민첩하게 움직였다. 집에서는 가스 불을 끄는 등 위험 요소를 제거하고 현관문을 열어 대피 동선을 확보했다. 위험한 물건을 내려놓거나 급한 대로 식탁 밑으로 들어가 낙하물을 피할 수 있었다. 건설 현장에서는 중장비 운전을 중단하고, 전철과 자동차도 즉시 운행을 멈췄다. 이후 지난한 지진 복구 과정에서도 미디어를 통해 소개되는 일본인들의 질서 의식은 우리의 놀라움을 자아냈다. 2만여 명이 숨지거나 실종됐던 초유의 피해를 겪는 와중에도 안전과 질서 의식을 최우선으로 삼아 행동함으로써 거대한 재난을 이겨낸 그들이었다.

일본인들은 이웃 나라의 재해 역시 안전을 위한 교훈으로 삼았다. 2003년 2월 대구 지하철 화재 참사 당시 일본은 국립소방연구센터 조사팀을 사고 현장에 급파해 사건 경위와 피해를 치밀하게 조사했다. 외부로 피신하기 어려운 열차 내 방화 사건의 심각성에 주목한 일본 정부는 2004년 강화된 열차 내화기준을 수립했다. 유독가스가 다른 차량으로 번지는 것을 막도록 차량 간 문을 자동으로 잠그도록 의무화했고 모든 차량 사이에 소화기를 반드시 비치하도록 조치했다. 10여 년이 흘러 2015년 7월 일본 신칸센 열차 객실에서 화재 사고가 발생했음에도 피해를 최소화할 수 있었던 것은 이와 같은 안전 대책의 철저한 수립과 실행 덕분이라 평가할 수 있다. 자국은 물론 타국의 사고 사례까지 면밀하게 분석해 대비하는 일본의 선진 안전 문화를 지켜보며 글로벌 수준에 한참 미치지 못하는 우리의 안전 수준을 되짚어보게 된다.

그리고 눈여겨볼 것은 자타가 인정하는 안전 관리의 최고봉인 듀폰에서도 안전사고는 발생한다는 것이다. 지난 2014년 미국에서 가스 누출 사고로 4명이 사망한 사건이 발생했다. 안전에 있어 완벽이라는 것은 존재하지 않는다. 언제나 대비하고 있다고 생각하지만 언제나 발생할 수 있는 것이 안전사고이다. 항상 겸손하며 최고로부터 배우는 자세로 유비무환의 준비가 안전임을 잊지 말아야 할 것이다.

　안전에 대한 가치*Safety Value*는 삶의 질과도 직접적으로 연계된다. 안전의 개념을 말할 때 단순히 사고나 재해가 발생하지 않는 상태를 넘어, 자연 환경과 사회·문화적 환경의 여러 위험 요소로부터 안전한 상태라는 포괄적 관점에서도 정의해 볼 수 있기 때문이다. 이런 측면에서 우리나라의 안전 수준은 국제적으로 좋은 평가를 받지 못하고 있다. 2016년 5월 경제협력개발기구*OECD*가 발표한 '더 나은 삶 지수*BLI-Better Life Index*'에서 한국은 조사 대상 38개국 가운데 28위에 머물렀다. 특히 '환경' 부문에서 37위를 기록했다. 이 중 대기오염 부문은 전체 조사국 중 최하위였고 수질오염 부문조차 26위였다는 점은 겉으로 드러나는 대형 재난이나 안전사고뿐만 아니라, 환경오염에 따른 우리 국민 전체의 안전 수준과 삶의 질이 상당히 저하된 상태임을 보여주고 있다.

　정부가 지진과 같은 자연재난에 대한 방재 대책을 철저히 세우며 국민의 생명과 안녕을 국정의 최우선 순위로 삼아야 하듯이, 사람을 먼저 생각하는 인간 존중의 자세가 바로 안전이다. 일터에서 근로자가 산업재해를 당함으로서 야기되는 사회적 손실은 유·무형을 합쳐

안전한 일터가 행복한 세상을 만든다

이루 추산할 수 없을 정도로 막대하다. 이를 보상하기 위한 기업의 손실 또한 가늠키 어렵다. 더구나 추정조차 할 수 없는 최대의 손실인 가족들의 아픔은 어떻게 할 것인가. 이러한 손실과 아픔을 헤아릴 줄 아는 방법이 바로 안전의 길에 있다는 것이다.

농자천하지대본農者天下之大本. 농사짓는 일이 모든 것의 근본이라고 했다. 포스코에서 일한 긴 시간 동안 '안전'이란 단어의 의미를 몸으로 터득한 나는 '안전천하지대본安全天下之大本'을 이 시대의 좌우명으로 내세우고 싶다. 안전을 껴안으며 내일도 안전과 손잡고 걸어야 할 나의 운명을 다시금 사무치게 느끼고 있다.

일찍이 고故 박태준 회장이 '안전제일'을 외친 이래, 포스코는 그룹 전체에 안전경영이 체화禮化되었다 평가받는 기업이다. 오늘도 포스코는 안전을 기업 문화의 근본으로 삼아 세계 최고의 경쟁력을 자랑하고 있다. 이제 나는 포스코라는 조직에 몸담은 40여 년간, 내 일생을 뚜렷이 지배해 온 안전에 대한 기록을 하나씩 풀어내 보려 한다. 포항제철소 신출내기로 출발해 광양제철소 제선부장, 부소장, 소장, 그리고 포스코그룹 COO, CTO와 포스코ICT 대표이사를 거치기까지 일신우일신日新又日新의 자세로 함께 일구어낸 안전한 조직 문화의 가치와, '안전과 긍정성'의 기업 문화에 대한 메시지를 나누고 싶다.

나의 안전 리더십 Check & UP!

* <u>조직의 안전 수준은 안전을 바라보는 리더의 눈높이를 넘지 못한다.</u> 이 시대의 리더는 자신이 이끄는 분야에 최적화된 안전 시스템을 발굴하고 운영해야 한다.

☞ 안전 리더십 부분에 우리 리더의 수준을 점수로 매긴다면 어느 정도인가?

* 선진국에서는 <u>안전을 위해 들이는 비용을 손해를 막아주는 투자 개념으로 생각하고 있으며</u>, 미국에서는 안전 관리에 투자했을 때 평균 16배의 이익이 난다는 인식도 있다.

☞ 안전을 위해 우리 회사에서 투자하고 있는 비용은 어느 정도이며 얼마가 적정하다고 생각하는가?

* 안전사고로 인한 경영 실적은 만회할 수도 있지만, 긍정성을 잃은 조직을 되살리기란 더욱 어렵다. 안전이 삶의 질과 생산성 향상의 기본이다.

☞ 안전이 가장 효율적인 투자라는 말에 얼마나 동의하는가?

안전한 일터가 행복한 세상을 만든다

2장

안전한 일터
만들기 1
— 기본을 다지다

모든 재해는
막을 수 있다

　　　　　　　　　　　　포스코 광양제철소는 작은 어촌이
던 광양에 섬을 매립해 건설한 세계 최대의 제철소다. 특히 입지 면
에서 수심이 깊고 섬과 산으로 둘러싸여 최적의 항만 조건을 갖추고
있다. 유례없는 최단기 건설과 조기 상업생산으로 광양제철소는 철
강사史에 뚜렷한 이정표를 남겼다. 하지만 빛이 있으면 그 이면에는
그림자가 있다 했던가. 제철소 건설과 운영 과정을 거치며 적지 않은
안전 재해가 이곳에서 일어나 많은 이의 마음에 상처를 남겼다. 광양
제철소는 내게 자랑스러움 이면에 아쉬움도 공존하는 공간이다.

　1994년, 나는 광양제철소 제선부장이 되었다. 철강을 만드는 공정
은 제선, 제강, 압연의 세 공정으로 구분된다. 이 중 제선이란 원료
인 철광석과 연료인 코크스를 커다란 고로용광로에 넣어 액체 상태의
쇳물을 뽑아내는 것을 말한다. 제선부는 용광로에서 쇳물을 생산하
는 고로 공장, 철광석과 석탄을 하역하고 저장하는 원료 공장, 분철

광석을 가공하는 소결 공장, 석탄을 가공하는 코크스 공장으로 구성된다. 포스코 직원 천 명에 협력사 직원을 더하면 총 이천 명이나 되는 근로자가 땀 흘려 일하는 현장이다. '이 조직을 어떻게 이끌 것인가.' 제선부의 수장이라는 중책을 맡고 나니 가슴 깊은 곳에서 용솟음치는 무언가가 느껴졌다.

제선부장에 보임된다는 통보를 받고 가장 먼저 향한 곳은 용광로 위였다. 110미터 고공 위에서 내려다보이는 광양제철소는 광활했다. 눈앞에서 수많은 설비들이 쉼 없이 돌아가고 있었다. 발아래 고로가 끊임없이 쇳물을 녹이듯 여기에서 일하는 직원들도 저마다 자기 삶의 행복을 추구하고 있을 것이다.

문득 10년 전 포항제철소 원료 공장의 책임자로 근무하던 어느 날이 떠올랐다. 한 직원의 장례식이 있었다. 장례를 치르고, 난 용광로 위를 혼자 올라갔다. 사고로 세상을 떠난 그 직원은 원료를 쌓아둔

야드에서 원료를 불출하는 리크레이머*Reclaimer*에 근무하는 20대 초반 청년이었다. 벨트컨베이어에 이물질이 끼어 벨트가 정상적으로 돌아가지 않는 상황이었다. 조급한 마음에 손으로 작업하다 벨트에 몸이 딸려 들어가 회전체에 말려 목숨을 잃고 말았다. 비상 전화를 받고 새벽에 한걸음에 달려 나가서 본 사고 현장을 평생 잊을 수 없다. 희미한 달빛 아래 비친 재해자의 일그러진 모습과 허연 속살에서 들려오는 그의 절규는 평생 내가 안고 가며 풀어야 할 과제가 되었다.

돌이켜보면 그 당시 괴로운 심정은 이루 말할 수 없었다. 꽃다운 나이에 생을 달리했다는 마음에 가슴이 아팠다. 내가 잘못해서 직원이 사망했다는 자책감이 들어 한동안 고민과 번민의 나날을 보냈다. 시간이 꽤 흘렀지만 그때의 아픈 상처를 잊을 수 없었다. '함께 일하는 직원들이 희생당하는 일은 이제 더 이상 없어야 한다.' 내가 맡고 있는 제선부를 반드시 안전한 일터로 만들겠다는 결심을 되새겼다.

무재해를 다짐하다

고로에서 내려와 일하는 직원들을 바라봤다. 뜨거운 용광로 옆에서 땀을 뻘뻘 쏟아 내며 근무하고 있었다. 고로는 한마디로 쇳물을 생산하는 커다란 가마다. 제철소의 '심장'에 해당한다. 심장이 온몸으로 혈액을 퍼뜨리는 역할을 하듯 용광로가 뿜어내는 열기는 제철소를 힘차게 움직이게 하는 동력이다. 고로 장입구*꼭대기*에서 철광석과 석탄 같은 원료를 벨트컨베이어를 통해 연속 장입하고 아래로는 뜨거운 바람과 가루탄을 넣는다. 6시간 정도 불태우면 아래로 시뻘 건 쇳물이 쉼 없이 흘러나온다.

쇳물을 보고 있자니 결국 저 쇳물이 우리 직원들 삶이 녹아든 열 정과 땀이 섞인 것이구나 싶었다. 대부분 제조업 현장이 그렇겠지만 특히 제철소는 자칫 잘못하면 모든 것이 사고와 직결된다. 제철소 안 용광로는 섭씨 2,200도를 웃돈다. 생산되는 쇳물은 섭씨 1,500도를 넘는다. 출선^{생산된 쇳물이 고로 밖으로 배출되는 것} 작업을 할 때에는 방열복을 입어도 그 열기가 상상을 초월한다. 견디기 힘들 정도다. 이런 작업 환경에서 컨디션 관리를 잘못하면 예상치 못한 사고가 나고 만다.

제선부는 회전체, 고소, 고열, 고압, 유해 가스 등의 잠재위험 요 인들이 도처에 널려 있는 현장을 가지고 있는 조직이다. 따라서 사 고 가능성은 항상 내재되어 있다. 전임 부장도 부단히 노력했지만 3 개월이면 가능한 무재해 100만 시간도 달성하지 못해 안타까워하며 내게 업무를 인계한 터였다. 왜 끊임없이 재해가 발생하는 것일까. 무재해 현장을 만들 수는 없을까. 쇳물 녹이는 제선부에서 오랜 시 간 엔지니어 생활을 한 나였다. 결국 사람이 하는 일이다. 우리의 힘 과 머리를 모아 해결할 수 있는 일이다. '아무리 노력해도 재해가 발 생한다는 그 고정관념이야말로 우리가 넘어야 할 장애물은 아닐까.' 안전한 현장을 만들겠다는 의지를 세운 나는 '무재해 선언'을 하기로 했다. 무모한 도전으로 비칠 수 있겠지만, 재해는 줄이는 게 아니라 '막을 수 있다'는 것이 내 지론이었다. 안전 재해는 대부분 불안전한 행동에서 야기되므로 모든 재해를 막을 수 있다는 신념을 갖도록 의식을 전환하는 것이 급선무였다.

　'안전한 현장을 만드는 방법이 무엇일까'라는 질문은 내게 절대적인 도전이자 숙제가 됐다. 나는 수첩에 한 문장을 꾹꾹 눌러 썼다. 스스로 다짐한 목표였다.

"모든 재해는 막을 수 있다*All Injuries Can Be Prevented*."

안전제일을 마음에 새기다

　광양제철소는 1985년 3월에 착공, 1992년 10월 연산 조강 1천 200만 톤의 제철소로 종합 준공됐다. 공사를 시작한 지 8년도 안 되어

안전한 일터가 행복한 세상을 만든다

세계 최대의 제철소를 완성한 것이다. 대단한 속도였다. 당시 우리 사회는 '빨리빨리' 문화가 지배적이었다. 포스코 역시 예외가 아니어서 공기工期 단축의 전통이 있었다. 고로 하나씩 지을 때마다 공기 단축에 따른 경제성 확보를 가장 큰 의미로 인정했고 자부심을 가졌다.

밤낮 없이 쉬지 않고 공사를 해 완공일을 앞당길수록 공사비는 절감된다. 고로를 하루라도 빨리 돌려야 내수든 수출이든 수익이 커진다. 가동 이후에는 설비 용량만큼 Full 생산하는 정상 조업을 조기 달성해야 한다. 이 분야에서 세계 최고를 자랑하는 일본 업체도 한 달이 걸리던 것을 포스코는 경험과 도전을 통해 정상 조업 달성을 일주일로 단축했다. 세계 철강 업계에 신선한 충격이 아닐 수 없었다. 이런 분위기에서 '안전'이란 다들 중요하다고 할 뿐 실천으로 이어지지 않았다. 재해 발생이 반복될 수밖에 없는 구조는 흘러가는 사회 분위기와 무관하지 않았다. 나는 제선부장이 되면서 이제 설비 확장도 마무리하였으니 기본으로 돌아가 재해가 나고 나서 아우성치는 관행을 끊어야겠다고 굳게 다짐했다.

근로 현장에 가면 익숙하게 자주 보이는 문구가 '안전제일'이다. 1906년경 미국의 철강업이 불황의 늪에 빠져 있을 때였다. 철강회사인 US스틸의 회장이 회사 경영에서 안전을 제1순위에 두면서 안전제일Safety First이란 표현을 만들었다. 생산과 품질을 1순위로 할 때보다 기준과 절차를 표준화하여 안전을 1순위로 운영한 결과 경영 성과가 훨씬 좋았다는 것이다. 우리나라에서는 포스코의 고故 박태준 회장이 1970년대 공장 가동 시부터 '안전제일' 개념을 강조한 바 있다.

개발 시대, 안전은 우선 사항이 아니었다. 제철소 안에 불꽃, 폭발물, 고압전류, 유해가스와 유해물질과 같은 위험 요소들이 흩어져 있지만 근로자의 인식은 '설마 내게 사고가 생기겠어?' 수준이었다. 직원들이 갖가지 위험에 노출돼 있었다. 가장 큰 문제는 이들이 위험물질을 다루는 훈련조차 받아본 적이 없다는 사실이었다. 그래서 박태준 회장은 '안전제일'이라는 개념을 도입했다.

박 회장은 사고 예방을 위해 매우 엄격한 안전 프로그램을 만들었다. 강제규정을 두어 작업자, 감독자, 관리자 할 것 없이 새로 입사하는 사람은 반드시 '안전 교범'을 숙지하도록 했다. 모든 종업원들이 안전 교육을 받도록 규정한 것이다. 1년에 두 번 이상 안전 교육 특별 캠페인을 벌였다. 직원들에게 안전의 중요성을 심어주기 위해 포항제철의 아침인사를 '오늘도 안전제일!'이라는 구호로 바꿀 정도였다.

이러한 노력에도 불구하고 1977년 4월 24일 끔찍한 사고가 일어났다. 크레인 운전원이 실수로 44톤의 쇳물을 공장 바닥에 부어버린 것이었다. 건물 바닥이 녹으면서 지하에 매설된 전선의 70%가 파괴됐고, 공장 가동 중단 사태가 발생했다. 약 28일 동안 공장 가동을 멈춰야 했고, 피해 복구에만 많은 경영 자원이 투입되었다. 너무나 엄청나고 값비싼 사고였다. 조사 결과, 교대 근무자인 크레인 운전원이 주간에 다른 일을 하다 휴식 없이 출근한 것이 밝혀졌다. 피곤했던 나머지 자기도 모르게 오조작을 한 것이었다. 이처럼 사소하게 보이는 실수 하나가 기업뿐 아니라 나라 경제 전체에도 지대한 타격을

안전한 일터가 행복한 세상을 만든다

줄 수 있다. 안전 재해는 개인의 실수나 불안전한 행동뿐만 아니라 가정생활이나 환경에도 큰 영향을 받는다는 것을 깨우치게 되었다. 그날의 사고는 포스코가 개인별 피로도, 개인 고충 관리와 작업환경 개선 등 체계적인 안전 활동을 실행하는 계기가 되었다.

너와 내가 아닌
우리의 안전

　　　　　　　　　　　제선부장 보임 후 내가 계획한 '무재해 선언' 이야기를 접한 현장 직원들은 대체로 심드렁한 반응이었다. '그게 되겠느냐'는 식이었다. 당장 발등에 떨어진 불은 조직 구성원이 갖고 있는 부정적인 반응, 무관심한 태도부터 바꾸는 작업이었다.

　　제철소 현장은 한시도 조용할 틈이 없다. 1고로에 들어서니 안전요원의 호각 소리, 내뱉는 고함 소리가 요란하다. 한 직원이 퉁명스럽게 안전모 턱 끈을 조이며 뒤돌아선다. 안전 관리를 하는 감독관에게 지적을 받아 기분이 언짢다며 툴툴거리는 태도다. 오래 직장을 다니는 사람일수록 행동 수정은 쉽지 않다. 자신이 하고 있는 일에 대해 자신감이 있는 만큼 자신의 행동을 지적받는 것에 대해 냉소적이다.

　　안전을 위해서라지만 사람들은 무언가 간섭하는 걸 싫어한다. 아무리 "당신 안전을 위해서 하는 소리야"라고 해도 그 말을 곧이곧대로 듣지 않았다. 그 말이 틀린 소리가 아닌 줄 알면서도 마음으로 받아들이기가 쉽지 않은 탓이다. "안전 규정대로 왜 안 하느냐, 규정대로 보안경과 안전모 쓰고 귀마개까지 끼고서 일하라"라고 해도 거추장스럽고 불편하다 보니 보호구 착용을 생략하기 일쑤였다. '안전제일'이라는 말이 크게 쓰여 있으면 뭐 하나. 실제 현장에서 안전제일은 그저 구호로서 직원들에게 겉돌고 있었다. 몸과 마음이 따로 움직이는 격이었다.

선의의 경쟁으로 이룬 변화

요지부동인 직원들을 어떻게 움직일까. 천 명이나 되는 제선부 직원들을 한 사람 한 사람 만나서 일일이 설득할 수 없는 노릇이었다. 같은 작업 공간에서 일하는 협력사 소속 근로자까지 포함하면 2천 명이 넘는 인원에게 안전에 대한 인식을 어떻게 새로이 정립시킬 수 있을지 생각했다.

여태껏 안전 활동을 하지 않은 것이 아니다. 그런데 왜 재해가 계속 나는 것일까. 현장을 이끄는 감독자들을 관찰해 봤다. 현장의 주임, 파트장인 감독자들이 생산과 현장 설비 관리를 우선시하지, 안전에 대해서는 절실하지 않은 것이었다. 기본적 안전 활동조차 관행적이며 의례적으로 운영되고 있었다. '감독자부터 변화시켜야 한다.' 감독자들이 안전을 우선으로 삼고 책임감을 갖게 되면 현장의 분위기를 바꿀 수 있다고 판단했다. 나는 우선 감독자들을 모아 워크숍을 열고 별도의 집체 교육을 진행했다. 그렇지만 감독자들의 의식은 내 기대만큼 간단히 바뀌질 않았다.

특효약을 써야 할 타이밍이었다. 지금까지 안전에서 가장 기본적인 활동으로 위험예지 훈련인 TBM$^{Tool\ Box\ Meeting}$과 유사재해인 니어미스$^{Near\ Miss \cdot 아차사고}$에 대해 오랫동안 강조해 왔건만 왜 활성화되질 못했던 것일까. 골프가 잘 안 될 때 그립^{Grip} 방법부터 기본으로 다시 배웠던 기억을 떠올리니 답을 알았다. 가장 기본적인 활동일수록 의식하지 않고도 절로 행동이 나가도록 몸에 배어 있어야 한다. 골프채 잡듯이 안전 활동을 자기만의 호흡으로 익혀야 했던 것이다. 조직 분위기를 바꾸기 위한 TBM 경진대회와 니어미스 발표대회는 처음부터 배우는 골프 그립 연습과 같았다. 나는 감독자들을 대상으로 '선의의 경쟁'을 시켰다. TBM$^{Tool\ Box\ Meeting}$ 경진대회, 니어미스$^{Near\ Miss \cdot 아차사고}$ 발표대회라는 2가지의 경쟁 무대를 만들었다. 분기별로 공장 대회, 부 대회를 열었다. 리더가 관심을 갖고 긍정적인 메시지를 강조하고, 적절한 보상과 격려를 하면 조직은 리더의 방향을 따라 움직이게 되어 있다. 5~10명 규모 최소의 하부 조직인 주임 단위로 경진대회와 발표대회를 계속 준비하게 되니 현장이 순식간에 열기를 띠게 되었다. 긍정적인 경쟁 심리가 동인이 된 것이다.

"그렇지, 이왕 하는 거 우리 반이 한번 제대로 해 보자. 1등 하면 상도 받고 보람도 있고, 얼마나 좋냐 이거야."

직원들 간에 구체적인 목표 의식이 공유되며 몰입하는 의지가 자

안전한 일터가 행복한 세상을 만든다

연스럽게 생겨났다. 몰입의 에너지는 큰 변화를 불러온다. 감독자와 직원들이 뒤섞여 직접 대회 준비에 참여하면서 서로 아이디어를 냈다. TBM 경진대회를 준비하려면 공구들을 갖다 놓고 직원들끼리 역할극을 한다. 무엇이 잘못됐고 어떻게 하면 더 나은 방법을 찾을 수 있다는 이야기를 얼굴을 맞대고 실컷 한다. 폭넓은 의견이 오가니 팀워크가 좋아지고 개인의 업무 능력도 향상되었다. 준비하는 과정에서 전부 공유가 이루어지는 셈이다. 실제로 해 보니 웃음도 나고 재미가 있었다. 어떤 면에서는 스트레스도 받게 되지만 발표 후엔 '우리가 해냈다'는 성취감과 보람이 더 크다. 처음엔 시켜서 한 일이지만 '학습의 재미'를 깨닫게 되니 경진대회와 발표대회를 준비하는 과정 자체가 소통의 자리가 된 셈이다. 아래로부터의 변화였다.

대개 다른 곳에서 경진대회를 하면 '잘할 것 같은' 우승 후보 격 1~2팀만 열심히 하고 나머지는 의무감에 시늉만 내는 경우가 다반사

안전인사

다. 하지만 우리는 공장의 모든 반이 예외 없이 참여하도록 했다. 분기별로 공장에서 포상 받은 최우수 팀을 한데 모아 한 단계 위인 부 단위에서도 치열한 경합을 벌이도록 했다. 자신이 속한 공장 발표 팀을 응원하고 다른 공장의 우수 사례도 함께 즐기는 경험이 계속되면서, 부 단위 경진대회는 전 직원이 참여하는 하나의 축제가 되어 안전 분위기가 확실히 확산되었다.

안전한 일터가 행복한 세상을 만든다

기본으로
돌아가라

안전의 가장 중요한 포인트는 '생각'을 해야 한다는 것이다. 작업 장소 주변은 어떤 상태인가? 내가 해야 할 작업은 어떠한 위험 요인이 있는가? 내가 어떻게 작업을 해야 안전한가? 생각을 할수록 근로 현장은 더 안전해진다. 여기서 안전에 관한 기본적 개념인 Hazard와 Risk에 대한 이해가 필요하다. 현장에서 부상을 입힐 수 있는 것*Hazard*이 무엇인지를 찾고, 위험한 상태로 되어 있는 것*Risk*이 무엇인지를 알도록 하는 활동을 통하여 안전사고의 40~60%를 줄일 수 있다. 예를 들어 집 안의 물건 중 찔릴 수 있는 물건을 찾으면 바늘, 칼, 가위 등이 있다. 이들 중 바늘이 쌈지 안에 있다면 위험하지 않겠지만, 만약 바닥에 떨어져 있을 경우는 바늘에 찔릴 수 있다. 또 다른 예로 독사 한 마리가 있다고 하자. 이 독사를 방치해 두면 위험하지만, 깨지지 않는 그릇에 독사를 넣어 입구를 막아 자물쇠로 잠근다면 위험하지 않다. 여기서 바늘과 독사는 Hazard이고, 방치해 둔 상태가 Risk이다. 우리 작업 현장에도 사람과 접촉될 수 있는 물건*Hazard*이 수없이 많은데, 이들 중에서 Risk 상태로 있는 것이 무엇인지 작업자가 스스로 알도록 하고, Risk를 제거하도록 함으로써 안전 의식을 고취시킬 수 있는 것이다. 근로현장에서 어떤 Risk가 있는지 생각하고 사전에 제거하는 위험예지 훈련이 TBM이다.

TBM 단계를 살펴보자. 첫 번째 도입 단계에서는 서로 인사하고 건강을 확인한다. 두 번째 점검 단계는 복장과 보호구를 준비하고 그 상태를 지적·확인해야 한다. 2명씩 짝을 이뤄 "○○○○ 좋은가?, ○○○○ 좋아!"라고 하나씩 가리키며 확인한다. 세 번째는 작업 설명 단계다. 리더는 작업 목적, 작업 방법과 절차, 개인별 업무 분담 등 작업 내용을 육하원칙*5W1H*에 따라 설명한다. 작업자가 위험요인을 먼저 말하고 직원 간 합의를 통해 가장 중요한 위험요인을 요약해 낸다. 그 다음 리더가 대책을 지시해 팀의 행동 목표를 정하고 전원이 크게 제창한다. 넷째 단계는 "무재해로 나가자!", "좋아, 좋아, 좋아!" 등의 구호를 외치며 전원의 뜻을 일치시키는 확인 단계다.

가정에서도 위험 요인을 제거하기 위해 지적확인 습관이 유용하다. 이따금 현관문을 나선 뒤 집 안의 가스 중간 밸브를 잠갔는지, 소등을 했는지 생각나지 않아 다시 들어가 확인했던 경험이 누구나 있을 것이다. 이럴 경우 기기를 조작하고 나서 입으로 "가스 밸브 좋아! 스위치 좋아!"라고 외친다면 뇌가 한 번 더 기억을 하게 되므로, 집으로 다시 들어가야 하는 일이 생기지 않는다. 사람이란 언제나 완벽할 수는 없는 존재이기에 안전에 관한 한 가정에서나, 직장에서나 철저한 지적확인 습관을 들임으로써 더욱 안전하며 여유로운 일상생활을 누릴 수 있게 된다.

"공구통을 가지고 사다리를 타고 4미터 올라가야 하는데 이럴 때 위험요인은?"

"사다리를 올라가다 추락할 수 있다! 공구통은 '줄'을 이용하여 올리는 게 안전하다!"

"그럼 이럴 때 지적확인은 어떻게 해야 합니까?"

"줄을 이용해 공구통 옮기자!"

"좋습니다."

안전 파트장을 대동하고 TBM과 지적확인을 하는 모습을 옆에서 봤다. 부장이 지켜보는 가운데 직원들이 평소에 익숙지 않은 TBM을 하려니 어색하고 서투르지만 힘을 다해 마무리하려는 모습을 읽을 수 있었다. 천 명이 넘는 제선부라는 조직을 책임지는 부장이라는 자리의 무게가 느껴졌다. 그동안 일을 하면서 안전에 대한 문제의식을 갖기는 했지만 구체적인 현상을 보며 실행력 있는 대안을 이끌어 내는 데는 미흡했다. 다시 배운다는 마음가짐으로, 안전 관리의 첫 단추부터 단단히 채워야겠다고 다짐하였다.

안전의
파수꾼

불교에서 말하는 찰나剎那는 순간瞬間의 개념 중에서도 가장 짧은 시간에 해당하는 낱말이다. 현대의 시간 개념으로 바꾼다면 75분의 1초라고 해석하기도 한다. 하지만 그 간격이나 길이는 인간의 상상 너머에 있는지도 모른다. 찰나의 순간, 사고가 나기엔 결코 짧지 않은 시간이다. 운전하다가, 거리를 걷다가, 요리를 하다가, 무심코 담배꽁초 하나를 버렸다가 '아차' 하는 순간이 대형 사고로 이어지는 게 현실이기 때문이다.

내게도 아차 싶은 순간이 있었다. 아주 어릴 적 일찌감치 몸소 겪었다. 다섯 살 때 집안 제사가 있어 부모님이 큰집으로 가셨다. 집에 남은 건 나와 사촌동생 두 아이뿐이었다. 우리는 추워서 오들오들 떨다가 솔잎을 모아 불을 피우기로 했다. 마침 겨울용 땔감으로 창고 옆 처마 밑에 솔잎을 가득 쌓아 두었는데, 이걸 가져 와 우물 옆에서

성냥불을 당겼다. 마른 솔잎에는 생각보다 쉽게 불이 붙었다. 향긋한 솔향기에, 따뜻한 느낌에 기분 좋아하던 것도 잠시, 일은 벌어지고야 말았다. 어린아이들이다보니 창고 옆에서 솔잎을 갖고 오다가 흘린 것들이 있었는데, 땅에 떨어진 솔잎에 불이 옮겨 붙은 것이다. 불길은 창고로 향하고 있었고 금세 불길이 창고를 태워 버렸다.

그 일로 부친은 불같이 화를 내시며 어린 나의 종아리를 회초리로 내리치셨다. 부모님이 집에 돌아와 얼마나 놀라셨을까. 내가 다치기라도 했다면 두 분은 아이들만 남긴 채 자리를 비웠다는 자책감에 평생 괴로워하셨을 것이다. 그때 그 기억이 마음속 쓰라린 상처로 남아 있다. 이제껏 안전에 대한 것을 트라우마로 안고 사는 내 모습은 필연이 아닌가 싶다.

안전에 민감한 나에게 제철소 곳곳은 위험한 장소였다. 남들에게는 보이지 않는 신호가 감지되고 있었다. 그러나 나 혼자 외친다고 안전이 실현되는 건 아니다. 모두 자발적으로 '내 일'처럼 볼 수 있게 하는 길을 찾아야 했다. 문제는 같은 문제가 반복적으로 나온다는 점이었다. 안전 규범을 어긴 직원에게 제재를 가해도 그때뿐이다. 버릇이나 본능적 움직임처럼 안전을 관리하는 활동을 체화體化시키는 방법밖에 없었다.

우리에게 아차 하는 순간은 무수히 지나간다. '아차사고'라고도 부르는 니어미스Near Miss는 원래 항공기 운항에서 쓰인 것으로 비행 중인 항공기가 다른 항공기와 접근하여 충돌할 뻔한 사태를 가리킨다. 준準사고로 분류하지만 작업 현장에서는 대체로 경미한 사고가 많아서 회사에 보고를 하지 않고 본인이 감내할 때가 잦다. 본인도 번거로우니 제출 자체를 회피하게 된다. 그렇지만 이는 분명 재해이므로 회사에서는 반드시 관리를 해야 한다. 그래야 재발 방지 대책을 수립해 실행할 수 있다.

니어미스의 이론적 배경은 1931년 소개된 하인리히 법칙*Heinrich's Law*이다. 하인리히 법칙은 도미노 이론이라고도 하며 사고의 연쇄성을 강조한다. 불안전한 행동과 불안전한 상태를 제거하면 재해를 막을 수 있다는 이론으로, 대형 사고가 발생하기 전에 그와 관련된 수많은 경미한 사고와 징후들이 반드시 존재한다는 것을 실증적으로 밝혔다. 다시 말해 큰 재해는 항상 사소한 요소를 방치했을 때 발생한다는 것이다. 구체적으로 산업재해가 발생하여 중상자가 1명 나오면 그 전에 같은 원인으로 발생한 경상자가 29명, 같은 원인으로 부상을 당할 뻔한 잠재적 부상자가 300명 있다는 점을 입증했다. 한 번 발생

니어미스 관리 체계

한 니어미스는 추후 다시 일어날 대형 사고의 조짐이다.

니어미스를 빈틈없이 분석하면 유사한 사고를 제어할 수 있다. 니어미스를 어떻게 투명하게 관리하고 대책을 세울 수 있을까. 제선부의 '니어미스 개선 우수사례 발표대회'를 열기로 했다. 사례 발표는 사고의 내용을 파악하고 예방하는 좋은 방법이었다. 업무 부담을 호소하는 목소리도 있었지만 안전과 재해를 막는 최적의 방편이었기에 타협의 여지는 없었다. 직원들의 안전 마인드를 높이고, 글로벌 수준의 안전 관리 체제 확립을 위해 잠재위험을 발굴하고 보완하는 자리였다.

"저희 니어미스 사례를 발표하겠습니다. 1제선공장 사례입니다. 용광로 급수 라인 해체 작업 시 발생한 사례입니다. 고압 링 메인라인 파손으로 인한 용접 덧 보강작업의 일환으로 용광로 급수 라인을 해제하던 중 관내에 끓고 있던 물이 증기와 함께 분출돼 작업자를 덮치면서 화상재해를 입을 뻔한 사례였습니다. 우리는 즉시 발생 원인을 분석했습니다. 용광로 냉각수 급수 밸브 잠금 상태를 확인하지 않았고, 해체 작업 시 적정 공기구를 사용하지 않았으며, 정기수리 작업 특성상 빨리 해야 하겠다는 심리적 요소가 휴먼 에러로 작용하였다고 결론지었습니다. 분임토의를 통한 대책으로는, 작업 전 TBM을 내실화해야 하고 전 직원에 대한 교육 실시, 라인 온도 감지를 위한 설비개선이 시급합니다."

재해가 될 수 있는 현장을 발견해서 이를 미리 조치하고 더 나아가 문제를 전 직원이 공유하면서 완벽하게 해결해 재해의 고리를 미리 차단하는 효과를 기대하게 됐다는 내용이었다.

　니어미스 1건을 공유하면 유사 사고 10건을 예방할 수 있다는 연구가 있다. 이때 기억해야 할 점이 있다. 모든 니어미스는 오픈해야 한다. 더 큰 사고를 예방할 수 있다는 관점에서 어떠한 형태의 니어미스도 오픈되도록 격려해야 하는 것이다. 또한 니어미스 사례와 관련해 절대로 해당 직원을 질책하지 않아야 한다. 직원을 질책하면 자연히 니어미스는 은폐되고, 그러면 감춰진 니어미스로 인해 대형 사고 가능성을 더욱 키울 수 있기 때문이다. 니어미스의 소중한 사례를 현장 사무실에 부착하여 쉽게 볼 수 있도록 하고 교대활동 시 사례를 공지하고 휴식시간에 토론회를 정례화하여 '설마 나는 괜찮겠지' 하는 안일한 생각에서 벗어나 나도 그러한 위험에 항상 노출되어 있다는 인식과 일상 작업에서도 위험을 인지하는 능력을 배양하는 데 주력하였다. 또한 공장 차원에서는 니어미스들을 등급별로 분류하고 설비 및 작업 위험성 평가를 실시하여 개선활동으로 연계되도록 하였다.

발상의 전환 :
뇌도 바뀐다

우리가 흔히 해결하기 어려운 상황을 마주하면 부딪쳐 극복하기보다는 멀찍이 미뤄 두고 회피해 버리려는 유혹을 받게 된다. 근로 현장도 예외는 아니다. 재해를 막을 수 있다는 안전 의식을 제선부 구성원과 공유하고 싶었지만, '나와는 거리가 먼 일'이라는 직원들도 있어 큰 어려움이 따랐다. 설비 핑계를 대거나 일이 많아 신경 쓸 여력이 없다는 이유로 안전 활동을 게을리하는 모습이 보이곤 했다. 게다가 현장 특성상 남이 나의 잘못된 행동을 지적했을 때 불쾌하게 반응하고 또한 상대의 잘못된 행동에 대해서도 지적하기를 주저하는, '좋은 게 좋다'는 의식이 내재되어 있었다. 감독자들의 주도로 직원들에게 TBM과 니어미스라는 안전 활동이 어느 정도 체화되었지만, 자율적으로 안전 활동에 참여하도록 유도하기 위해서는 '의식 전환'이 절실했다. 제선부 구성원의 의식을 안전이라는 가치로 일치시키기 위한 규범이 필요한 시점이었다. 직원들이 스스로 안전을 인식하는 '자율 안전'의 단계로 진입해야 한다는 판단이었다.

제선공장을 일터로 삼는 제선인이라면 반드시 지켜야 할 규범을 '제선인의 훈訓'으로 제시하기로 했다. 사실 '제선인의 훈'은 '제강부의 훈'에서 시작되었다. 지금도 제강부 사무실 입구에는 제강인의 훈이 적혀 있다. 초대 제철소장이셨던 박종태 소장님이 제강부장 시절 소속 직원들을 향해 인생의 바른 자세, 제강인의 역할과 책무를 기술한 것이었다. 나는 그 당시 제강인의 훈을 보면서 깊은 감명을 받았다. 그러한 인연으로 '제선인의 훈'을 만들기 위해 다방면으로 자료를 수집하고 우선 기초안을 마련했다. 그 무엇이든 혼자 결정하고 처리하면 쉽다. 하지만 그렇게 혼자 만든 것들은 대개 생명이 짧다. 같이 토론하고 수정하고 함께 만들어야만 조직 안에서 긴 생명력을 갖는다. 기초안을 중심으로 제선부 직원들에게 공모公募를 진행했고, 좋은 내용은 함께 공유하면서 고쳐 나갔다. 위에서 지시해서 만든 것이 아닌, 모두가 동의하고 따르는 규범이 필요했다.

이듬해인 1995년 드디어 '제선인의 훈'이 완성되었다. 모든 회의 시작 전, 교대할 때 반드시 소리를 내어 전 직원이 한 목소리로 외치도록 해 의식뿐 아니라 무의식으로도 안전을 잊지 않도록 했다. 제선인의 훈 제1항은 안전에 대해 다음과 같은 다짐을 담고 있다.

'나의 불안전한 행동을 지적받음에 감사하고, 동료의 불안전한 행동은 과감하게 지적하여 안전한 사람, 안전한 일터 만들기에 앞장

선다.'

안전하지 않은 행동을 보았을 때, 그 행동이 수정되길 바라면서
지적을 하는 방식이었다. 제1항의 내용이 체화되면 안전에 대해 동
료의 지적을 받더라도 거부반응 없이 고맙게 받아들일 수 있으리라
예상했다. 부정적인 방법으로 꼬집어 일깨우기보다는 감사하는 마음
으로 안전 활동을 수용하도록 유도한 것이다.

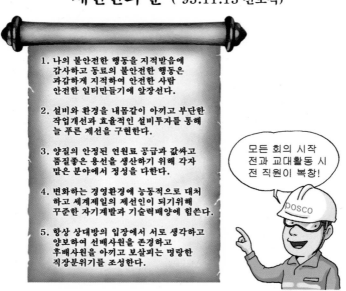

제선인의 훈 ('95.11.15 선포식)

1. 나의 불안전한 행동을 지적받음에
   감사하고 동료의 불안전한 행동은
   과감하게 지적하여 안전한 사람
   안전한 일터만들기에 앞장선다.

2. 설비와 환경을 내몸같이 아끼고 부단한
   작업개선과 효율적인 설비투자를 통해
   늘 푸른 제선을 구현한다.

3. 양질의 안정된 연원료 공급과 값싸고
   품질좋은 용선을 생산하기 위해 각자
   맡은 분야에서 정성을 다한다.

4. 변화하는 경영환경에 능동적으로 대처
   하고 세계제일의 제선인이 되기위해
   꾸준한 자기계발과 기술력배양에 힘쓴다.

5. 항상 상대방의 입장에서 서로 생각하고
   양보하여 선배사원을 존경하고
   후배사원을 아끼고 보살피는 명랑한
   직장분위기를 조성한다.

모든 회의 시작
전과 교대활동 시
전 직원이 복창!

산업 현장의 공통된 목표는 생산성 향상이다. 그 목표를 현실로
보여주기 위해 우리는 현장의 일하는 방식을 바꾸려 한다. 그러나 어
떤 변화도 그 시작점은 '안전'에 있다. 안전 확보의 가장 중요한 요소

는 뛰어난 재난 대처 기술도, 새로운 안전 점검 방식도 아닌 '문화'
다. 안전의 가치*Safety Value*를 존중하는 기업 문화를 만들기 위해 필요한
것이 '습관'을 들이는 일이었다. 개인에게도 습관이 있듯 회사마다
습관이 있다. 습관은 쉽게 만들어지지 않는다. 그야말로 어린 새가
날갯짓을 하듯 수없이 반복해 몸으로 익혀야만 체질화*體質化*된다. 엄
마 새를 따라 끝없는 연습과 실패 끝에 드디어 날아오르는 방법을 터
득하면, 그 뒤로는 몸이 저절로 움직인다. 중요한 것은 안전의 습관
이 조직의 성과로 이어진다는 사실이다.

안전은
동료사랑

포항제철소에 입사하던 초년생 시절부터 나는 기록을 습관화하려 노력했다. 아침 일찍 출근해서는 제일 먼저 서랍을 열어 수첩을 꺼냈고, 그 수첩에 하루 동안 해야 할 일들을 정리했다. 수첩에는 깨알같이 그날의 모든 것이 들어 있었다. 기록의 힘과 중요성을 믿었기에 근로 현장에서도 이를 시도해 봤다. 안전을 전 직원의 습관으로 만들기 위해 처음에 했던 일도 기록이었다. 제선부가 추구하는 슬로건인 에버그린*Ever Green*이 직원들에게 익숙해 있어 친근감을 주기 위해 에버그린카드*Ever Green Card*라는 이름을 붙여 안전을 위한 지적 활동을 문자화했다. '제선인의 훈' 제1항을 현장에서 구체화시킨 것이다. 의식을 행동으로 전환하는 도구였다.

인간은 실수하는 동물이다. 실수를 야기할 수 있는 행동을 미리 없애야 안전한 환경을 만들 수 있다. 불안전한 행동을 어떻게 발견하고 개선할 것인가. 관심을 가지고 지적해 주는 문화가 자리 잡으면 가능하다. 안전을 위협하는 요소가 보이면 누구라도 지적해 주고, 또 이를 즉각 받아들여 사고를 예방하자는 것이다. 이러한 제도가 없다면 바로 옆자리 동료라 해도 남의 행동을 고치라고 지적하기란 어렵다.

　기분이 나쁠 수도 있다. 하지만 그렇게 하지 않았을 때 안전이 보장되지 않아 사고라도 난다면? 결국 잠시 얼굴이 붉어지더라도 함께 일하는 동료 모두를 위한 행동 아닌가. 초기에는 다소 서먹하였지만 동료 사랑 운동이라는 의미를 홍보하고 관심과 관찰을 통해 매월 5건 이상 카드를 쓰도록 권유했다. 우수자에 대해서는 포상도 해서 안전 우선 분위기를 조성했다. 분석을 통해 개선 활동으로 연계했음은 물론이다.

"선배님, 이 작업을 하실 때엔 안전보호구를 착용하셔야지요?"
"아, 지금 급해서. 좀 봐 줘요."
"급해도 준비가 안 됐잖아요. 인정하시죠?"
"조심한다고 했는데, 몸에 밴 게 무섭네."
"선배님! 에버그린카드 작성할게요."

　실제로 이런 대화를 현장에서 듣기까지는 오랜 시간이 필요했다. 그래도 리더로서 중도 포기하지 않고 끝까지 밀고 나갔다. 언젠가 안전이 기업 문화가 되고, 제도화된 안전 습관의 강점이 드러날 시기가 오리란 확신이 있었다.

Ever green Card 실적분석 (월)   Ever green Card 양식

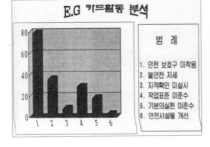

안전 관리의 핵심은 행동이다. 안전하지 않은 행동에서 비롯하는 사고 비율이 96%에 달한다. 행동은 밖으로 드러나기에 주의를 기울이면 관찰할 수 있고 관리될 수 있다. 행동을 관리할 수 있는 근거는 에버그린카드였다. 기록은 힘이 세다. 적어 둔 것을 두고 이야기를 나누다 보니 어떤 행동을 지적하는 게 훨씬 쉬워졌고, 문제가 있는 행동을 직원들이 인정하고 바꾸는 것도 무척 빨라졌다.

기록된 행동, 안전으로 바뀐다

한 사람의 행동은 모두의 행동과 별개가 아니다. 한 사람의 행동이 다른 사람의 행동에 영향을 끼치고, 다수의 보편화된 행동은 개인의 행동을 좌우할 수 있기 때문이다. 안전을 위해 행동을 관리해야 하는 이유, 기록을 잊지 말아야 하는 이유가 여기 있다. 에버그린카

드는 제선부 직원들에게 기록의 중요성을 깨우쳤다. 이후 나는 활동 우수자를 표창하고 안전에 대해 더 세심하고 활발한 생각을 펼칠 수 있게 만들었다. 나중에는 분석한 사례들을 모아 유용한 안전 교육 자료로 썼다. 동료의 불안전한 행동을 지적하면서 동의를 구하고 카드 하나 쓰는 작은 습관 같지만 이를 지속적으로 해나갈 때 전 직원과 조직이 조금씩 달라진다는 걸 확인할 수 있었다. 한 장의 카드가 준 선물이 결코 가볍지 않았다.

재해 발생은 대부분 사람의 불안전한 행동에서 기인한다. 불안전한 행동을 제어하기 위해 누군가의 관찰과 지적이 필요하기에 만들어 낸 제도가 에버그린카드였다. 후일 광양제철소에서 듀폰으로부터 전수받은 SAO*Safety Acts Observation · 안전행동관찰*라는 안전 관리 기법이 있었는데 이건 에버그린카드에서 좀 더 발전된 내용이었다. 근래에는 BBS*Behavior Based Safety · 행동기반안전활동*라고 부르기도 하지만 SAO와 동일한 활동이다. 안전에 대한 체계적 지식이 부족하던 시절, 우리 사회는 그저 사고를 줄이는 제도적 보완책을 두고 궁리했다. 결국 궁하면 통한다고 했던가. 절실한 필요에 따라 만들었던 제선부의 에버그린카드 제도가 듀폰의 선진 안전 기법과 맞닿아 있다는 사실은 나에게 이름 모를 뿌듯함을 주었다.

나는 제선부 안에 '안전제일' 문화가 건강하게 확산되고 있음을 확인했다. 감사하게도 두 가지 변화가 느껴졌다. 에버그린카드로써 불안전한 행동에 기인하는 96%의 사고를 막을 수 있다는 안전 의식이 퍼진 게 그 첫째다. 둘째로 제철소 안전 진단 3대 기법, 즉 작업 전 TBM*Tool Box Meeting*, 직접 손가락으로 점검 요소를 가리키는 지적확인 활동, 아차 하는 순간을 방지하자는 니어미스$^{Near\ Miss}$ 활동이 체질화됐다는 데 있다. 안전 진단 기법을 제대로 실천하도록 감독자의 역할을 강화하고 위기의식을 조성한 효과가 있었다. 또한 제선부 내 협력사에게까지 활동을 공유하게 만들면서 안전제일 문화가 자리 잡혀 가고 있었다. 이런 현상은 리더의 의지와 관심이 첫걸음이다. 조직의 리더가 안전을 최우선으로 삼는 것이 직원들에게 느껴질 때 가능하다는 것이다.

포스코 제철소 생산조직

```
              ┌─────────────────────┐
              │   제철소장(부사장)    │──┐
              └─────────────────────┘  ├──→ 임원
                        ↑              │
              ┌─────────────────────┐  │
              │   생산부소장(상무)    │──┘
              └─────────────────────┘
                        
              ┌─────────────────────┐
              │   생산부장(부장)      │──┐
              └─────────────────────┘  ├──→ 관리자
                        ↑              │
              ┌─────────────────────┐  │
              │     공장(팀)장        │──┘
              └─────────────────────┘
                        ↑
• 교대 조단위 책임자  ┌─────────────┐
              │    파트장    │──┐
              └─────────────┘  ├──→ 감독자
                   ↑           │
• 교대 반단위 책임자  ┌─────────────┐  │
              │    주 임     │──┘
              └─────────────┘
                   ↑
• 4조 2교대    ┌─────────────┐
              │   일반직원    │
              └─────────────┘
```

나의 안전 리더십 Check & UP!

* 포스코 제선부에서는 안전에 대해 피동적인 감독자의 인식을 바꾸기 위한 방법으로 주기적으로 'TBM(Tool Box Meeting) 경진대회', '니어미스(Near Miss: 아차사고) 발표대회'라는 방법을 사용했다.

☞ 우리 회사는 감독자의 안전 오너십을 부여하기 위해 어떤 활동을 하고 있는가?

* 바늘이 바닥에 있으면 위험하지만 바늘쌈지 안에 있으면 안전하다. 현장에서 부상을 입힐 수 있는 요소(바늘)가 'Hazard'이고, 위험한 상태(바늘이 바닥에 있는 상태)로 되어 있는 것이 'Risk'이다.

☞ 나의 근무 장소와 일상생활 공간을 살펴봤을 때 'Hazard'와 'Risk'에는 어떤 것들이 있을까?

* 전체 구성원의 의식을 안전이라는 가치로 일치시키기 위해서는 규범이 필요했고, 그래서 '나의 불안전한 행동을 지적받음에 감사하고…'로 시작하는 '제선인의 훈'이 탄생했다.

☞ 우리 회사에 안전 관리를 위한 '훈'을 만든다면 어떤 내용을 담겠는가?

* '제선인의 훈'을 자리잡게 하기 위해 만든 에버그린카드(Ever Green Card)는 '지적'이 하나의 문화로 자리 잡도록 하기 위한 것이었다.

☞ 에버그린카드와 유사한 SAO(안전행동관찰) 활동에 대하여 우리 회사는 어떻게 인식하고, 활동하고 있는가?

안전한 일터가 행복한 세상을 만든다

3장

안전한 일터
만들기 2
— 안전지대를 넓히다

안전에
왕도王道는 없다

놀라운 일이 벌어졌다. 제선부 2,000여 명의 직원이 3개월 정도 재해 없이 일해야 이룩하는 '무재해 100만 시간'을 최초로 달성한 것이다. 제선부는 아무리 노력해도 사고를 피할 수 없는 부서였다. 수많은 유형의 사고와 재해가 모여 있는 제선부 아닌가. 무재해 100만 시간이라는 것은 직영 및 협력 직원 모두가 '해 보자'는 의지가 없었다면 내가 아무리 무재해 선언을 하고 독려를 한들 공허한 울림에 지나지 않았을 것이다. 부장 보임 이후 그어떤 안전 재해도 일어나지 않고 무재해 100만 시간을 달성하고 나니, 직원들의 표정에서 '우리도 할 수 있다'는 자신감을 읽을 수 있었다. 여기에 안주하지 않았다.

직원들과 함께 무재해 선언을 하고, '제선인의 훈' 복창을 시작하며 안전을 우선시하는 조직 분위기를 더욱 가다듬었다. 안전 교육을 철저히 했고, 에버그린카드로 다양한 사례를 수집해 예방 교육 또한 게을리하지 않았다.

안전에 왕도王道는 따로 없었다. 기본에 충실하여 안전 활동을 일상화하는 것만이 무재해 일터로 갈 수 있는 길이었다. 그 바탕에는 리더의 의지와 관심, 그리고 솔선수범을 통해 안전이 일상에 녹아 예외없이 현장에서 지켜지는 시스템이 있었다.

감독자 중심으로 주인의식을 부여하면서 안전 활동을 전개했다. 제선부장이 직접 현장에 나가 안전 활동을 독려하니 조직 문화가 바뀌기 시작했다. 안전 시스템을 만들고 제대로 돌아가도록 하는 동력은 토론 문화였다. 상시 안전 진단과 부 단위 및 공장 단위의 안전 미팅과 안전 토론을 월별로 실시했다. 부장이 주도해서 토론 문화를 활성화하고 반복적으로 진단했다. 가장 유능한 직원을 선발해 안전 파트장으로 삼고 안전에 대한 토의를 집중적으로 진행했다.

이러한 선순환 시스템이 조직 내에서 정착되어 가니 '안전제일'의 의식이 전 직원의 몸에 배고 있다는 걸 느낄 수 있었다. 재해는 언제 어디서 어떻게 발생할지 모르기 때문에 안전제일의 분위기를 언제나 조성함으로써 직원들이 방심하지 않고 스스로 대처할 수 있도록 하였다. 집요하고 끈질기게, 지속적인 안전 활동을 손에서 한시도 놓지 않았다. 제선부의 협력사도 동일한 시스템을 운영하도록 했다. 이러한 노력의 결과로 200만 시간, 300만 시간, 400만 시간, 500만 시간의 기록을 달성해 나갔다. 서로가 격려하고 배려하는 조직 분위기로 응집력을 키울 수 있었던 것이 가장 큰 자산이고 보람이었다.

안전을 다시 보다

1997년 9월의 일이다. 무재해 500만 시간을 달성하며 안전 활동이 안정적으로 자리를 잡았다는 생각이 들었다. 이젠 작업 현장에 대해 객관적인 진단과 평가를 받고 싶었고, 어딜 내놓아도 부족함이 없다는 자신감이 있었다. 마침 기술 교류 차 호주 철강회사 BSL의 관리자들이 제철소에 내방했다. 나는 우리 제선부의 안전 진단을 부탁하였다. 왜냐하면 BSL이 듀폰으로부터 6년 전 안전시스템을 도입하고 매년 25억 원을 들여 매 분기 안전 컨설팅을 받아 안전 수준이 괄목할 만하게 향상되었다는 이야기를 들은 바 있었기 때문이었다.

"저희 현장을 돌아보시니 어떻습니까?"

호주에서 물 건너 온 현장 관리자, 로버트 리*Robert Lee*는 잠시 말을 고르는 듯했다.

"100점 만점에 40점입니다."

뒤통수를 한 대 얻어맞은 느낌이었다. 무재해 신화를 쓰고 있는 제선부 아니었던가. 40점이란 관리자의 평가는 충격적인 진단 결과였다. 당혹스러움을 애써 감추며 목소리를 차분히 가다듬었다.

"그렇게 평가하는 근거를 설명해 주시겠습니까?"

"호주 BSL의 수준은 80점입니다. 제선부 자체의 안전 지수는 높지만 현장 상황을 보면 40점 수준입니다. 타 지역에서 지원 나온 수리 작업자들의 보호구 착용 상태나 작업 태도, 그리고 일하는 작업장 주변이 정리 정돈되어 있지 않습니다. 게다가 담배꽁초가 아무렇게나

버려져 있고 수리 후 잔재물이 방치되어 있는 것을 보니 안전의 기본이 돼 있지 않습니다. 수리 작업자의 수준이 제선부의 안전 수준입니다. 보건, 환경, 위생 그 어느 것도 점수를 드리기가 어렵습니다."

허를 찔린 기분이었다. 현장에 버려져 있는 담배꽁초와 작업자들의 복장, 그리고 미흡한 정리 정돈이 사업장 안전 수준으로 연결되다니. 수리하는 작업자들은 정비부에서 관리한다. 설사 그들이 사고가 나도 우리 제선부의 안전 실적에는 포함되지 않는다. 관리범위에서 벗어나 있던 것이다. 그런데 그들의 수준이 우리 제선부 수준이라니? 처음에는 수긍하기 어려웠지만 당연한 말이었다. 조직을 구분하며 관리하는 안전은 틈이 생길 수밖에 없다. 실제 작업이 이뤄지는 지역Area을 기준으로 안전의 개념을 고쳐야, 충분한 안전 수준을 달성할 수 있는 것이다.

BSL의 안전 진단을 받은 후 안전의 개념을 바꿨다. 나는 당장 모든 직원들, 그러니까 정비 협력 작업자, 외부 출입자 모두에게 수리 중, 수리 후 지켜야 할 안전과 정리 정돈 캠페인을 실시했다. 직영 중심의 단순한 안전 관리에서 지역Area 개념의 통합적 안전 활동으로 전환한 것이다. 제선 지역에 출입하는 작업자들에게 안전 기준을 숙지하고 이행토록 하였다. 이를 어길 시에는 경고를 보내고 3번 위반하면 출입을 제한하는 개념의 '3진 아웃' 제도를 적용하였다. 그 결과 수리 작업자의 안전의식 변화와 함께 현장이 놀랄 만큼 깨끗하게 변모하기 시작하였다.

담배꽁초가
사라지다

그런데 BSL 관리자의 코멘트가 뇌리에서 떠나질 않았다. '담배꽁초가 사방에 널려 있는 현장 모습이 작업장의 소방, 안전, 보건, 위생 수준을 단적으로 증명한다'는 지적이었다. 쇳물을 다루고 용광로 가스가 있어 화재나 가스 중독의 잠재 요인이 상존하는 제선부 현장에서, 흡연은 매우 위험한 행동이다. 게다가 직원들의 건강을 생각한다면 담배는 이로울 것이 하등 없었다. 현장의 안전과 직원 건강이란 뚜렷한 명분으로 '금연 활동'을 펼치기로 했다. 리더인 내가 직원을 진심으로 사랑한다면, 안전한 현장을 만들기 위해서 함께 담배를 끊도록 이끌 수 있겠다는 생각이었다. 하지만 1997년 당시에는 우리나라 사회적 분위기상 건물 내 흡연이 자유로웠다. 당연히 직원들의 공감대 형성과 금연 분위기 조성이 어려울 수밖에 없었다. 공장장을 포함해 흡연을 즐기는 직원들이 강

안전한 일터가 행복한 세상을 만든다

력하게 반발했다. '작업하느라 힘이 드는데 왜 개인생활까지 상사가 간섭하는가', '담배는 기호품인데 왜 못 피우게 하려는 것이냐', '금연 스트레스 때문에 오히려 더 담배를 피우게 된다'라는 식으로 원성이 대단하였다.

용광로에서 나오는 가스는 만만치 않다. CO Gas가 주성분으로 마시면 건강에 안 좋은데, 거기에 담배까지 피운다면 폐가 온전할 수 있겠는가. 그렇지만 나의 이런 의도가 현장에 있는 2천여 명 회사 안팎 직원들에게 전달되기는 역부족이었다. '내일부터 담배 피우지 마' 같은 고압적인 방식은 절대로 통하지 않았다. 담배 피우지 말라고 대놓고 야단치지는 않았다. 금연은 본인을 위한 것이 아니던가. 직원들을 배려하며 틈날 때마다 담배를 끊도록 권했다.

금연과 같이 개인의 결단이 필요한 현장 캠페인은 관리 감독자가 먼저 공감하고 앞장서지 않는 이상 확산되기가 힘들다. 어떻게 하면 간부들의 동참을 유도하고 그들이 주인의식^{Ownership}을 갖도록 할 것인가? 금연을 하는 분위기를 조성하기로 했다. 전문가에게 도움을 청했다. 포항제철소에 근무하며 금연 전도사이자 예방전문의인 박사를 초청해 금연 강연회를 열었다. 왜 금연이 필요한지를 직책보임자들을 대상으로 주기적으로 설명했다. 금연에 성공한 사람의 성공담과 이후의 변화에 대해서도 얘기를 들었다. 금연 생각은 있지만 실천에 어려움을 겪는 직원은 제철소 예방 전문의 도움으로 상담해 주고 금연 보조제를 지급했다. 개인 행동의 변화는 가까운 동료와 가족의 진정성 있는 응원이 있어야 한다. 전문가의 진심 어린 설명과 사례 중

제선부 금연활동을 시작하다!

심의 강의는 직원들의 마음을 조금씩 움직이기 시작하였다.

금연 활동을 펼치면서 내 마음 한구석은 여전히 불편했다. 제선부 조직서열 2인자인 조 차장 때문이었다. 가장 최측근이라고 할 수 있는 후배가 아직 내 말에 수긍을 못하고 있는 것이다. 현실적이지 않다는 이유였다. 설비 트러블이 나고 힘든 상황이 자주 생기다 보니, 스트레스 해소를 위해 담배가 필요하다는 골초의 논리였다. 윗물이 맑아야 아랫물이 맑은 법이니 제선부 차장을 설득하지 못하면 직원

안전한 일터가 행복한 세상을 만든다

전체의 행동을 이끌어 내기란 어려워질 게 뻔하다.

"이봐, 조 차장! 용광로 분야에서 최고 전문가로 인정받고 있는 당신 아닌가. 앞으로 포스코에서 큰일을 할 사람인데, 직원들을 사랑하는 마음으로 안전한 작업 환경을 만들려면 당신부터 금연에 동참해야 하지 않겠어?"

3개월째 여러 차례 설득했지만 마음으론 수긍하면서도 행동이 수반되지 않았다. 나는 다시 한 번 명확하게 뜻을 전달해야겠다고 생각했다.

"안전사고야 그렇다 치자. 혹시라도 담배 때문에 건강에 이상이라도 생기면, 아내와 예쁜 딸을 어떻게 보호할 수 있겠어? 소중한 당신 가정을 누가 지킬 수 있겠느냔 말이야."

딸아이와 아내 이야기를 하자 그의 표정이 바뀌었다. 나의 건강이 가정의 행복이라는 등식을 곱씹는 얼굴이었다. 하루만 시간을 달라고 하더니 다음날 찾아와 금연을 해보겠다는 결심을 밝혔다. 금연 필요성에 동의는 했지만 실행이 안 되었던 그가 그날 이후 금연을 시도하며 주위의 유혹을 뿌리치는 모습이 대견했다. 조 차장의 금연 성공은 물결 효과 그 자체였다. 버티고 있던 제선부 차장이 결단을 내리니 그 다음부턴 공장장─파트장─주임─일반 직원까지 금연의 파도가 쭉쭉 뻗어 갔다. 조 차장은 후일 포항제철소장과 포스코켐텍 CEO를 역임한 조봉래 전 사장이다.

금연에 성공한 직원들은 말하지 않아도 자신의 경험을 주변에 알리기 시작했다. 직장 분위기가 자연스럽게 담배연기가 줄어드는 쪽으로 가고 있었다. 그리고 이때 한편에서 금연을 도와주는 우군들이 나타나기 시작했다. 직원의 가족들이 환영하고 나선 것이다. 당사자들에게 금연은 꽤나 스트레스가 된다. 가정에서 짜증 섞인 불평을 늘어놓는 직원들을 배우자들이 지혜롭게 격려하고 응원해 주었다. 거짓말처럼 직원들 태도가 달라지고 있는 것이 보였다.

한번은 담배 없이 못 사는 직원들이 고민스러워한다는 이야기를 들었다. 내가 있는 제선부장실에 보고를 하러 들어오기가 부담스럽다는 것이다. 담배를 피우지 않는 사람은 옷깃만 스쳐도 담배냄새를 기가 막히게 느낀다. 그들 고민을 덜어주기 위해 대면對面 보고를 줄였다. 보고하는 사람 입장에서 보고 내용보다는 혹시 보고 중에 담배냄새가 나서 혼나지 않을까 전전긍긍했기 때문이었다. 이런 상황을 여기저기 얘기한 적은 없었건만 나의 보이지 않는 배려가 사업장에 소문으로 퍼졌다. 그 이야기가 퍼지는 만큼 금연도 점차 제선부 전체에 확산되기 시작했다.

진심이면 통한다

광양제철소 용광로에 불을 붙이는 화입을 한 지 11주년이 되는 1998년 4월이었다. 1제선 공장장이 5월 하순에 예정되어 있는 무재해 2,000일 달성을 위하여 동분서주 안전 활동을 전개하고 있었다. "2,000일 달성 기념이 될 만한 행사를 하고 싶은데 무엇이 좋겠냐"고 부장인 나에게 상의해왔다. 나는 "1제선 공장이 금연공장 선포식을 하는 것이 어떻겠느냐"고 권유하였다. 공장장이 마음에 와 닿았는지 이내 1제선 전 직원의 금연 서약서를 받기 시작했는데 얼마 못 가 중단이 됐다. 노조 간부 출신인 한 직원이 반발한 것이다. 나는 이 직원을 조용히 불러서 진지한 대화를 시작하였다. 사실 공장장 시절부터 미운 정, 고운 정 다 들어가 있는 직원이었다. 왜 금연을 해야 하는지부터 설명했다. 우리 직원들 삶에 도움이 되는 것이 과연 무엇인가 함께 깊이 생각해 보자는 말을 꺼냈다. 직원들을 사랑하는 마음이라면 동참할 수 있도록 도와주면 되지 않을까 하는 뜻을 진솔하게 전했다.

진심은 통하는 법이다. 단 둘이 대화를 나누고 난 후 이 직원은 금연에 적극적으로 참여하겠다고 다짐을 하며 직원들에게 참여를 호소하여 어렵사리 1제선공장의 금연 선포식이 무재해 2,000일 달성의 의미 있는 행사로 마무리될 수 있었다. 이어 다른 공장장들에게도 "당신 공장은 언제쯤 선포식을 하겠냐"고 넌지시 물었다. 기분 나쁘지 않게 압력을 가했더니 공장장들이 선의의 경쟁을 펼치는 모양새가 됐다. 한 공장이 모범 사례가 되니 다른 공장에서도 서로 하겠다는 분위기가 조성되어 차례로 공장장들이 전 직원 대상으로 서약서를 받아 8개 공장 모두 금연 선포로 이어졌다.

3개월 후 마침내 제선부 직원 전원의 금연 선포라는 결실을 맺었다. 전 직원이 금연 서약서를 썼다. 선포식은 선언적 의미였고 막상 직원들 중엔 금연을 두고 갈등하는 이도 많았다. 금연 분위기를 때론 당기고, 때론 풀어 가며 리더로서 격려하고 관심을 표명했다. 쉼 없이 일관되게 직원을 사랑하는 마음을 전하자 금연이 서서히 자리 잡혀 갔다. 함께 일하는 외주 파트너사의 동참을 이끌어 내는 부분이 어려웠지만 꾸준히 설득했다. 금연도 안전과 마찬가지로 지역 개념을 적용한 통합적 안전 활동이기 때문이었다. 그러나 금연 활동이 순탄치는 않았다. 보이지 않는 불만이 표출되곤 했다. 심지어 출근하려고 나오면 주차돼 있는 내 차 바퀴에 펑크가 나 있는 일도 몇 번 경험했다. '누군가의 불만이 이렇게 표현되는구나' 하는 생각이 들면서 금연 캠페인을 지속해야 하는가 하는 회의감이 들었다. 그럴 때마다 '정말 직원들을 사랑하는가? 그러면 이 시점에서 어떻게 해야 하는가?' 자문하며 의지를 다지기도 하였다.

안전은 아무리 강조해도 지나치지 않다. 좋은 말이라도 되풀이하면 듣기 싫어진다 하겠지만, 안전을 위한 말, 개인의 행복과 건강을 지켜 주는 말이라면 수없이 반복해야 한다. 그러나 그저 반복이어선 안 된다. 한마디 한마디가 건성이 아니라 진심을 다한 격려 메시지여야 한다. 현장을 돌면서 그저 내가 했던 얘기는 '여러분이 열심히 해주어 우리 제선부가 바뀌어 가고 있다. 감사하다. 우리 함께 안전한 일터를 만들어 보자' 같은 말을 조금씩 달리 표현하는 내용이었다. 그것이 누군가에게 힘이 되었다면 그건 아마도 진심의 힘일 것이다. 사람 마음을 움직이는 데 진심보다 더 큰 힘은 없다. 이런 분위기와 지속적인 활동으로 금연이 조직에서 자리 잡을 수 있었다. 지금은 금연 활동이 포스코의 전 패밀리사로 확대되어 새로운 기업문화로 자리매김하고 있다. 진심의 힘이 가져온 결과였다.

리더가 앞장서야 문화가 된다

금연 이야기를 꺼낸 김에 광양기업과의 인연을 언급하지 않을 수 없다. 광양제철소의 협력업체인 광양기업은 30여 년 동안 광양제철소에서 야드의 낙광 처리, 소각로 관리나 환경관리, 상하수도 설비 등을 담당해 왔다. 광양기업은 제선부 협력인원 1,000명 중 절반이 넘는 인원으로 이들의 안전 활동 못지않게 그들의 동참 없이는 금연 활동이 확산되기는 어려웠다. 관건은 하루에 두 갑을 피우는 광양기업의 황재우 사장을 설득하는 일이었다. 협력사 직원들도 사장님은 절대 담배를 못 끊을 거라는 반응이었다. 오너가 동참을 하지 않으니 자연히 광양기업 직원들의 금연 동참률은 낮을 수밖에 없었다.

"황 사장님, 담배 끊으셨나요?" 하고 공개 석상에서 질문을 여러 번 던졌다. 끊었다 피웠다를 몇 차례 반복하던 그였다. 묵묵부답에 빙긋이 웃기만 하더니, 돌연 담배를 끊겠다는 결심을 알려 왔다. 얼마나 그 결심이 유효할지 알 수 없었지만 금연 선언을 굳혀야겠다는 생각에 난 조용히 선물 하나를 준비했다. 황 사장이 담배를 끊겠다고 구겨서 버린 담뱃갑을 기념패로 만든 것이다. 그럴듯한 케이스에 감춰진 기념패를 받은 황 사장은 놀라는가 싶더니, 내 정성에 감동해 곧 호쾌한 웃음을 터뜨렸다. 이번에는 꼭 금연을 하겠다고 공개 석상에서 약속하였다.

그 뒤로 황재우 사장은 담배와 이별했고, 광양기업의 전 직원 역시 금연을 실천하고 있다. 리더의 솔선수범이 전 직원을 금연으로 이끌 수 있는 것이다. 골초였던 그가 지금은 '어떻게 사랑하는 직원들의 몸을 상하게 내버려둘 수 있냐'고 반문한다. 금연 활동은 광양기업 특유의 따뜻한 기업문화를 지탱하는 한 축이다.

사랑이란 이름의 안전장치

안전 분위기 확산을 위해 중심에 두었던 것이 '가족과 함께하는 안전'이라는 제목의 캠페인이었다. 그러면 우리가 할 수 있는 게 무엇일까를 생각해보니 가장 효과가 있을 것이라고 생각한 것이 가족과의 포옹*Hug*이었다. 출근하는 남편에게 잘 다녀오시라는 인사와 함께 Hug 운동을 전개하자고 제의하였다. 70~80% 직원이 인접 주택단지에 살고 있기 때문에 부인회에서는 동료 및 상하 간 길흉사 시 친척

들보다 더 끈끈한 유대 활동을 하고 있었다. 부인회가 취지에 공감하고 적극 참여하여 Campaign으로 전개할 수 있었다. 가족과 다투거나 부부간 냉랭한 기운이 흐르면 출근해서도 작업에 집중할 수가 없다. 오조작을 하는 등 휴먼에러가 발생할 가능성이 높아지게 된다. 즐거운 분위기로 배웅하는 출근길이라면 업무집중도가 떨어질 리 없지 않은가.

사고가 나려면 아주 작은 데에서 원인이 시작된다. 집안에서 몇 마디 다툰 일이 큰 부부싸움이 될 수 있고, 부부싸움 감정이 남아 엉뚱한 생각으로 일에 집중하지 못할 때 현장의 사고 위험은 높아진다. 직원 중 하나가 집에서 부부싸움을 하고 와서 아직도 화가 풀리지 않아 씩씩대고 있다면 그 현장은 위험에 노출되어 있는 것이다. 문제는 감정에 켜진 적신호가 여간해서는 꺼지지 않는다는 것이다. 금연운동을 통해서 가족들의 신뢰를 얻은 덕분인지 Hug 활동에 가족들이 적극적으로 참여하여 출근하는 우리 직원들의 표정들이 바뀌어가고 있음을 느낄 수 있었다.

가족들과의 스킨십은 중요한 안전장치의 하나로 역할을 할 수 있다. 가화만사성家和萬事成이라 하지 않던가. 집을 나서는 가장이 가족들과 나누는 온기는 세상의 어떤 어려움도 다 넘어갈 수 있는 힘을 준다. 철광석과 코크스가 장입되고 고로의 몸속에서 쇳물을 녹이는 힘도, 우리 제선인 가족의 온기가 아닐까 하는 생각이 들었다. 직장은 가장 혼자 다니는 곳이 아니다. 많은 세월이 흐른 다음에도 함께했던 직원들을 만나면 "부장님! 지금도 출근 시 Hug 하세요?"라는 질문을

가족과 함께하는 안전활동

● 출근길 가족과 포옹(Hug)하기

받곤 한다. 그때 만들어진 좋은 습관이 지금까지 이어지며, 더러는 다투기도 하지만 출근 시 감정의 응어리를 풀고 서로를 배려하는 태도는 평생 갖고 싶은 습관이 되었다.

포스코의 가족 친화 경영은 인간 존중 가치의 실현이었다. 내가 입사했을 당시 고(故) 박태준 회장은 포항제철소 건설기부터 '사원들의

안전한 일터가 행복한 세상을 만든다

주거문제와 교육여건, 가족문제가 안정되어야 일도 잘할 수 있다'고 강조했다. 창립자의 뜻은 회사에 젊음과 열정을 쏟아부었던 직원들과 그 가족들의 애사심으로 지금까지 이어져 오고 있다.

안전*Safety*은 작업 현장의 안전*On-the-Job Safety*과 일상적 생활공간의 안전*Off-the-Job Safety*으로 구분할 수 있다. 작업 중 안전사고나 재해 발생 예방 활동 등이 작업현장의 안전 관리 대상이라면, 부주의에 따른 교통사고나 가정에서의 가스 누출 사고, 대문을 열고 나가 생기는 도난 사고처럼 안전 규정을 지키지 않아서 발생하는 회사 밖 사고를 막는 것이 생활공간 안전의 해당 영역이다. 흔히 기업에서는 안전 관리를 논할 때 작업 현장의 안전을 위주로 접근한다. 하지만 통계적으로 생활공간의 안전 부문에서 발생하는 사고가 전체의 65% 이상을 차지하기 때문에, 생활공간의 안전은 작업장에서 중시되는 작업현장의 안전 못지않게 중요한 개념임을 잊지 않아야 한다.

이런 측면에서 우리가 추진한 가족과의 포옹이나 금연 활동은 생활공간의 안전*Off-the-Job Safety*를 지키기 위한 실천 운동이었다. 이는 자연스러운 안전 문화의 함양을 통해서만 지켜질 수 있기에, 직원들의 자존감을 키우고 안전 의식 수준을 높이는 일상적 활동이 필요했다. 자존감을 배양하는 방법 중 가정과 일터에서 가장 쉽게 지속적으로 실천할 수 있는 포옹과 금연 활동을 선택해 추진함으로써, 작업 현장의 안전*On-the-Job Safety*과 일상적 생활공간의 안전*Off the Job Safety*을 모두 관리할 수 있었던 것이다.

안전 활동에 몰입하는 내 모습을 보고 당시 담당 부소장께서는 '허 부장의 종교는 안전일 거야' 하면서 안전 전도사로 명명해 주셨다. 그 이후 안전활동을 정리하여 제선인들의 자부심을 공유하기 위해 『안전한 일터를 만들어가는 제선인들의 이야기』 책자를 1998년 3월 발간하였다.

〈안전체험수기 우수작〉다 함께 안전 향상은 가정에서부터

···지난 토요일의 일이다. 민재의 머리를 깎이고 집으로 돌아오는 길이었다. 아직 8월 초 정오의 햇살이 너무 따갑게 느껴져 재빨리 엘리베이터가 있는 건물 안 그늘을 향해 3개월 난 아기를 등에 업은 채 계단을 뛰어올랐고, 그 뒤를 이어 큰아이도 덩달아 뛰어올라왔다. 그 순간 아이의 신발이 벗겨져 계단 모서리에 걸리면서 넘어지고 말았다. "으앙" 하고 우는 소리에 돌아보니 아이는 계단에 넘어진 채 눈가에서 새빨간 피가 솟아나고 있었다. 순간 너무 당황하여 어찌할 바를 모른 채, 본능적으로 아이를 잡아 일으켜 보니 눈가 주위에 선혈이 낭자하고 피는 계속 흘러내렸다. 그러나 다행히 눈동자는 다치지 않은 것 같았다.

···드디어 병원에 도착하여 곧바로 응급실로 들어가니 의사 선생님이 소독을 하고 눈동자 위로 여덟 바늘을 꿰매고 나자 피도 멎었고 안도의 한숨을 쉴 수 있었다. 이미 울다 지쳐 버린 아기는 눈물로 화장을 한 채 잠들어 있었고 큰애도 이제는 안심이 되는 모양이었다. 한숨 돌리고 보니, 나의 몰골은 땀에 흠뻑 젖어 있었고 입고 있던 옷에는 핏자국이 여기저기 묻어 있어서 말이 아니었다.

···집에 돌아와 두 아이를 씻겨 잠을 재운 뒤 아이들의 잠든 얼굴을 내려다보았다. 잘 챙기지 못한 나의 마음은 한없이 미안하고 혹시 흉터가 남지 않을까 걱정이 되었다. '신발만 제대로 신겼어도, 뛰지만 않았어도' 하는 후회와 함께 하루에도 몇 번씩 계단을 올라갈 때 뛰지 말라고 아이

에게는 입버릇처럼 이야기하면서도 부모인 내가 먼저, 조금 덥다고 계단을 뛰어오른 행위가 두고두고 후회스러웠다.

…회사에서만 안전 운동을 하는 것이 아니고 가정에서도 생활 안전 운동이 이루어져야 하는 것 아닐까 하는 생각을 시발로, 회사에서의 안전 의식이 톱 매니저의 관심과 전 직원의 실천으로 자리 잡듯이, 가정에서도 가정을 관리하는 책임자인 부모가 생활 안전에 대하여 관심과 모범을 보이고 실천해야겠다는 마음이 들었다.

우리들 주부의 가정생활 일상에서도 조금만 방심하면 회사의 안전사고 못지않은 커다란 재해를 입게 된다. 가스밸브의 점검에서부터 방범창이 없는 고층 아파트 안방의 침대 위에서 철모르는 아이들이 창문을 열어 놓은 채 뛰어 놀고 있는 행위, 베란다 창문에 매달려 노는 아이들, 옷을 다림질하고 나서 다리미를 아무 데나 두는 행위 등 열거할 수 없을 정도로 수없이 많은 위험이 우리 주위에 도사리고 있다는 사실을 생활 속에서 스스로 체험하기도 하고 매스컴을 통하여 듣고 보고 있다.

민재의 흉터를 보면서 일상생활 속에서 안전의 소중함을 다시 한 번 느껴 보고 실천해야겠다는 다짐을 하면서 아이 덕분에 새삼 보게 된 플래카드 글귀인 '다 함께 안전 향상'은 진정한 의미에서 가정에서부터 시작되어야 된다는 생각을 해 본다.

작성자: 하금미(2제선공장 이상호 사우 부인)

안전한 일터가 행복한 세상을 만든다

안전의 가치를
부여하다

                       기업을 경영하려면 많은 부문을 관리해야 한다. 인사 관리를 비롯해 품질 관리, 원가 관리, 설비 관리, 조직 관리 등 모든 것들이 관리 대상에 포함된다. 품질, 원가, 설비, 조직 등 관리 대상 가운데 가장 중요한 것은 무엇일까. 바로 안전 관리다. 안전 관리를 잘한다면 그것은 모든 분야를 잘 관리할 수 있다는 의미다. 안전만 확보되면 그 다음의 모든 관리 업무는, 사실 저절로 따라온다고 해도 과언이 아니다.

    제선부장으로 근무하던 때의 경험이다. 관심과 관찰로 불안전한 행동을 지적하고 수용하는 동료 사랑 운동으로 안전 활동이 진화하니, 상호 간 신뢰가 두터워졌다. 긍정성과 자신감이 향상되어 무재해 100만 시간도 달성하지 못하던 제선부가 무재해 1,000만 시간의 쾌거를 달성하였다. 이러한 조직의 응집력이 생산성, 품질, 설비 관리에서도 시너지 효과로 이어졌다. 1998년도에 전사全社의 품질경영대상, 환경경영대상, 안전경영대상을 휩쓸며 선망의 대상인 부서가 되었다. 안전을 잘하는 조직은 무엇이든 잘할 수 있다고 믿게 해 준 사례였다.

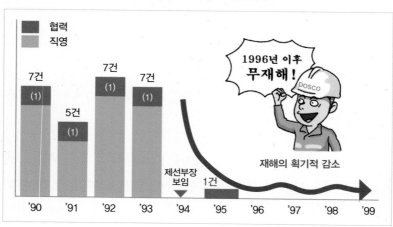

제선부 전 직원이 노력한 결과

공자의 가르침 중 '일이관지一以貫之'가 있다. 공자孔子가 "사賜·자공야, 너는 내가 많이 배워서 그것을 모두 기억하는 줄로 아느냐?"라고 묻자 자공이 "그렇습니다. 아닌가요?"라고 대답했다. 그러자 공자는 "아니다. 나는 하나로 꿸 뿐이다."라고 하였다고 한다. 공자는 많이 배워서 배운 것을 이해한 것이 아니라 하나의 원리로 모든 것을 훤히 꿰뚫어 본 것이다. 돌아보니 내겐 그 하나의 원리가 '안전'이었다. 안전이라는 안경을 쓰고 현장을 관찰했더니 보이지 않던 해답이 보였고, 자칫 자만해 독선에 빠질 수 있던 순간마다 안전이라는 분명한 기준 덕분에 격물치지格物致知·사물의 이치를 규명하여 자기의 지식을 확고하게 함로 나아갈 수 있었다.

새로운 도전으로 얻은 열매

1995년의 일이다. 철강 수요 대비 공급이 부족하던 시기였다. 포스코 본사는 광양제철소에 코렉스Corex 설비 2기를 건설해 부족한 쇳물을 보충하는 건을 검토하고 있었다. 당시 코렉스 공법은 아직 실용화되지 않은 제철 방식이었다. 본사 기획 부서에서 회장에게 보고한다는 내용을 보고 나는 제선의 전문가 입장에서, 개발 중인 설비와 프로세스를 도입한다는 것은 리스크가 크고 제철소 경쟁력을 잠식할 우려가 있다는 반대 의견을 냈다. 그러자 평상시 경청하며 격려를 아끼지 않으시던 존경하는 담당 부소장께서 정색을 하며 "이 사람아, 주관 부장인 당신이 회사에서 추진한다는 안에 반대만 하면 어떻게 하나? 전문가인 당신이 대안을 가지고 이야기해야지." 하신 말씀이 머리를 떠나지 않고 화두가 되어 발상을 전환하도록 하는 계기가 되었다.

국내 수요산업의 요구로 증산이 반드시 필요한 상황이었다. 문제는 부지가 부족하다는 사실이었다. 생산을 늘리려면 소결, 코크스, 고로가 있어야 하는데 광양에는 남아있는 부지에 건설 가능한 코렉스 프로세스 투자를 검토하게 된 것이다.

'그래, 좁은 공간에 고로를 지으면 되지 않을까?' 하는 아이디어가 번뜩 떠올랐다. 소결 공장, 코크스 공장을 증설하지 않고 고로만 증설한다면, 당연히 코크스와 소결광 물량이 부족해질 것이다. 기존 공장에서 새로 만든 5번째 고로에 추가 공급을 하는 것이다. 4곳의 소결 공장, 코크스 공장에서 최대한 생산량을 늘리되, 부족한 코크스는 '미분탄 취입기술'을 개발해 대체하고, 부족한 소결광은 부지가 없으니 철광석 생산지에 공장을 지어 수입하면 되겠다고 판단했다. 나는 관계자들과 협의 끝에 즉시 대안을 작성하여 보고하기로 하였다.

기존 소결 공장, 코크스 공장을 활용한다는 아이디어는 '콜럼버스의 달걀'과 같다. 발상의 전환이 새로운 해결책을 던졌다는 얘기다. 나는 이들 설비를 부지 문제로 새로 만들지 않았다. 기존 1, 2, 3, 4 고로에 공급하는 코크스 공장과 소결 공장을 그대로 사용해 신설 5 고로에도 추가 공급하면 된다는 접근이었다. 우리의 혁신적 발상은 우여곡절을 겪으며 전사적인 토론을 거쳐 투자 담당 부사장의 결심으로 5고로 건설을 추진할 수 있었다.

2000년에 완성된 광양제철소 5고로는 성공적으로 가동에 들어갔다. 안전을 바탕으로 고로 5기 체제를 확립함으로써 규모 면에서 확고한 세계 1위 최신예 제철소를 구현하게 되었다. 모자라는 국내 산업 수요도 맞출 수 있을 뿐 아니라 수출도 늘어나는 경영 성과를 거둬 효자 노릇을 톡톡히 했다.

표준을 통합하다

5고로 프로젝트는 기존 개념과는 전혀 다른 방식이었기에 새로운 표준을 세우기 위한 지난한 토론 과정이 수반되었다. 기존 조업은 소결, 코크스, 고로의 1:1 대응 체계로 물류가 단순하고 공정 간 생산 여력이 있었다. 이상 발생 시에도 조업자들이 조치할 여력이 있었다. 그런데 5고로가 가동됨에 따라 기존 소결, 코크스 공정은 최대량을 생산해야만 했다. 복잡한 물류 시스템에서 이상이 발생하면 조업 불안전과 큰 기회 손실이 예상되므로 효율적인 대응을 위한 무엇인가가 필요하였다. 바로 작업자들의 대응 능력을 키워 지식근로자 *Knowledge Worker*를 양성하는 것이 당면 과제로 떠올랐다. 따라서 최대 생산과 신기술 도입에 따른 모든 작업의 위험성평가, 환경영향평가, 품질영향평가를 면밀히 분석하고 대응하도록 하였다. 작업자들이 주도하는 작업 표준을 제대로 보완하도록 하는 과정에서 직무 역량을 배양하도록 초점을 맞추었다.

제선부에서는 고로에 철광석과 코크스를 시루떡처럼 쌓고, 거기에 뜨거운 바람을 불어 넣어 쇳물을 아래로 떨어지게 만든다. 그런데 5고로를 만들면서는 일부는 코크스 과정을 거치지 않고 석탄을 바로 넣는 기술인 '미분탄 취입기술'을 확보하는 등 공정별로 혁신적 기술을 개발하여 적용토록 했다. 일하는 방식이 달라진 만큼 부서별로 각기 다른 표준을 모두 통합해 재정리해야 했다. 종합적이고 더욱 정교한 작업 표준이 나와야 했다.

그러나 전 공정의 작업 표준 체계를 바꾸는 어려움은 이루 말할 수 없었다. 해당 전문담당자들로 하여금 샘플*Sample*을 만들어 주임과 파트장을 대상으로 설명회를 실시하였다. 주임과 파트장은 자신의 소속 직원들에게 설명을 하고 이해할 때까지 보살펴야 했다. 바꾸어 말한다면 본인들이 하는 업무와 관련해 자기 손으로 직접 작업에 대한 플로차트*Flow Chart*를 작성하도록 하고 그 위에 안전, 품질, 환경영향을 고려하여 작업 방법과 이상 시 대책 등을 마련하도록 한 것이다. 작성만 하는 게 아니라 동일 직무 담당자들 앞에서 발표를 통해 보완하도록 하였다. 몇 차례씩 수정과 발표가 반복되었다. 최종적으로는 안전, 품질, 설비 전문 파트장들이 검수하였다. 3명 전문가의 승인이 나야 최종 등록할 수 있었다. 이러한 혹독한 과정의 효과는 놀라웠다. 이러한 안전, 품질, 환경을 포함한 통합 표준작업*IMS: Integrated Management System*을 우리 손으로 직접 만드는 과정을 통해 직원들은 안전

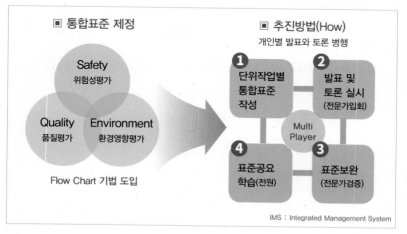

IMS System 구축

• IMS 추진배경 : 前 공정 증설 없이 後 공정 투자결정 (광양 5고로 신설)
→ 직원들의 상황 변화에 따른 조치능력 배양 필요

▣ 통합표준 제정

Safety
위험성평가

Quality
품질평가

Environment
환경영향평가

Flow Chart 기법 도입

▣ 추진방법(How)
개인별 발표와 토론 병행

❶ 단위작업별 통합표준 작성

❷ 발표 및 토론 실시 (전문가입회)

Multi Player

❹ 표준공요 학습(전원)

❸ 표준보완 (전문가검증)

IMS : Integrated Management System

의 전문가이자 품질의 전문가, 환경의 전문가인 지식근로자로 성장
할 수 있었다.

통합 표준작업인 IMS가 체계적으로 갖추어졌으니 직원들의 의지
를 상징적으로 한곳에 모을 수 있는 활동이 필요했다. 안전에 대해서
는 종합적인 접근법이 있어야 문제의 해결책을 찾을 수 있다. 이제는
안전과 품질, 환경, 보건 등을 한꺼번에 아우르고 실행하는 것이 효
율적이라고 생각하여 SHE-Q*Safety, Health, Environment, Quality* 운동을 전개하였
다. 이론적인 체계인 IMS를 행동으로 체질화시킬 수 있는 SHE-Q
활동을 펼쳤다. IMS와 SHE-Q는 안전의 완성판이었다.

'98.11 **통합경영체제(IMS) 정착 다짐산행**

우리는 5고로 프로젝트를 안전부터 시작하여 전 분야의 어떤 상황
에라도 대응하는 표준의 마인드를 키우는 열띤 배움터로 삼았다.

선택과
집중의 힘

우리 인생은 선택의 합☆이 아닐까. 누구나 태어나서 죽는 순간까지 쉼 없이 선택을 해야 한다. 나의 선택은 곧 나라는 사람을 대변한다. 인생의 큰 물줄기를 좌우해 온 선택에서 내가 최고로 꼽는 결정은 바로 지금의 아내를 맞이한 일이었다.

포스코에 입사한 지 몇 년 안 된 햇병아리 시절이었다. 밤낮 없이, 휴일도 없이 근무하는 때가 허다했다. 그래서 내가 하는 일을 이해하고 포용하는, 너그러운 사람을 배우자로 택해야겠다고 내심 생각하던 참이었다. 교대근무 책임자 시기에 현장의 돌발 상황이 많아 여러 번 약속을 펑크 냈지만, 아내는 마음으로는 어떠했는지 몰라도 따뜻하게 미소를 지어 주었다. 그 모습에 반해 평생의 동반자로 꾹 도장을 찍고 적극적인 구애 끝에 뜻을 이룰 수 있었다.

또 하나 내 인생에서 자랑할 만한 두 번째 선택은 포스코를 직장으로 택한 사실이다. 아니, 포스코라는 기업이 나를 택해 주었다고 보는 것이 맞을 것 같다. 당시 선망의 대상이던 포스코에 가고 싶어 하는 지원자들이 쇄도해 입사 경쟁은 상당히 치열했다. 군 복무를 마친 나도 포스코에 입사원서를 내고는, 내가 남보다 잘할 수 있는 것이 무엇일까를 생각하였다. 영어 같은 시험 과목은 단시간 내에 실력을 올리기엔 부적합했기에, 집중하면 바로 성과를 낼 수 있는 일반사회 과목을 전략적으로 선택했다. 책 몇 권을 거의 외우다시피 한 노력이 주효한 덕분에 합격의 기쁨을 누렸고, 그 이후로 포스코는 내 인생의 수많은 선택을 함께해 온 소중한 일터가 되었다.

제선부장에서 상무로 승진한 나는 광양제철소 생산 담당 부소장으로 보임되었다. 부소장으로서 내가 조직에 기여할 수 있는 게 뭘까 생각했다. 생산 부서가 10개나 되다 보니 부서별로 업무를 보고받고 지시만 내린다 해도 시간이 부족했다. 그런데 이런 일상 업무는 각 부장들이 분야별 전문가인 만큼, 잘할 수 있도록 맡겨 두어도 된다고 봤다. 투자 업무와 같은 중요한 사항은 소장 결정 사항인지라 나는 의견만 제시하면 되었다. 그래서 각 부장들에게 소장이 직접 관리하는 중요 사항은 소장에게 바로 보고를 한 후 간략하게 설명해 달라고 하였다.

대신, 본사로 보고하는 제철소의 주요 이슈 사항을 관리했다. 매주 그룹 회장 주재로 영상 회의가 서울, 포항, 광양에서 실시간 개최되었다. 광양제철소와 포항제철소는 그룹 안에서 선의의 경쟁 관계였다. 양대 제철소장은 한 주 동안의 이슈를 영상으로 보고해야 했는데, 보고가 매주 있다 보니 사실 부담스러운 일이었다. 무엇보다 제철소장의 의도를 읽고 그 지침을 받아 준비를 주관하였다. 이슈 사항들을 시계열적으로 관리하고 결과를 정리하여 보고를 통해 제철소의 힘을 결집하는 역할을 하며 제철소 경영수업을 매주 실무를 통해 습득하는 보람의 시간이 되었다.

동시에 집중한 일은 바로 안전 업무였다. 현장 경험을 통해 안전에 대한 중요성을 누구보다 더 느껴 왔기에, 제철소 전체의 안전 시스템을 구축하려면 경영진의 노력과 열정, 그리고 솔선수범이 요구된다는 점을 알고 있었다. 부소장으로 일하는 지금이 적기였다. 제철소의 조업과 정비 부서의 안전 활동은 서로의 특성을 강조했고 주관 부서의 조정 능력이 미미한 상태였다. 안전 활동 실행이 효율적으로 될 턱이 없었다. 개선이 필요했다. 먼저 운전과 정비, 직영과 협력 간 상이하게 운영되는 안전 시스템을 통합했다.

당시에는 직제상 안전 업무를 담당하는 안전팀이 행정 담당 부소장 휘하에 있었다. 안전은 생산과 정비 과정에 밀접한 업무이다 보니, 이런 구도에선 안전 분야가 중추적인 역할을 하지 못하는 것이 당연했다. 안전사고가 나면 사후약방문 식으로 뒤늦은 조치가 이뤄질 뿐이었다. 생산 부문 부소장이었던 나는 안전팀을 직접 관장하고 근로 현장으로 함께 다녔다. 재해는 막을 수 있다는 신념으로, 통합된 안전 시스템이 현장에서 제대로 실행되도록 하는 안전 진단Audit을 주관했다. 시간을 우선적으로 할애하여 제철소 안전 수준을 올리는 데 집중했다. 부소장 시절은 내가 본격적인 '안전 전도사'로 자리매김한 시기였다.

진단과 Feedback의
선순환 고리

                                   사고는 방심하는 순간 찾아온다. 안전에 있어서는 결코 현재 상태에 만족하지 않고 끊임없이 주변을 돌아보는 습관이 무엇보다 중요하다. 전투를 마치고 나서는 안전이라는 방패가 녹슬거나 금이 가진 않았는지 매번 살펴야 하는 것이다. 그래서 중요한 것이 '안전 진단'이다. 안전 활동에 있어서 진단*Audit*이란 우리가 흔히 이야기하는 식으로 단순하게 풀이할 수 없다. 왜냐하면 현장의 문제점을 기술적으로 확인하고 설명할 수 있어야 하며, 동시에 개선사항을 함께 제시할 수 있어야 하기 때문이다. 그래서 오히려 컨설팅*Consulting*의 의미가 강하다.

    조직의 최고 책임자가 직접 참여하는 안전 진단이어야만 제철소 전 부서의 안전 활동을 바꿔 놓을 수 있다. 매월 부 단위를 방문하여 부장, 공장장 및 안전파트장이 참석하여 부의 전월 안전실적과 금월의 안전계획을 발표토록 하였다. ISSUE 사항들을 질문하고 토론하며 매달 변화하는 모습을 확인하고 현장에서 이행여부를 진단하는 형태로 운영하였다. 그리고 생산부서별로 공장의 안전 파트장과 안전팀의 전문가로 구성된 안전진단팀을 고정 배치하였다. 안전진단팀은 현장개선은 물론 직원들의 안전의식이 시간이 지나면서 어떻게 변화되는지 매월 비교하여 보고를 하게 함으로써 실질적으로 변화를 유도하는 데 큰 역할을 하였다. 안전 진단 방식도 전면적으로 개선했다. 잘못된 점을 지적하는 활동 위주에서 기존의 방식을 탈피해 어떻게 개선할 것인가에 대하여 포커스를 맞추었다.

공장별로는 부장이 매주 공장 안전 활동을 진단하고 부소장은 주 1~2회 임의 참관하는 형태로 운영했다. 처음에는 직원들이 적응하는 데 힘들어하였으나, 3개월 정도 시행하고 나니 부장부터 공장장, 감독자, 직원 순으로 인식과 행동의 변화가 수반되었다. 1년이 지나니 계층별로 능동적으로 참여하는 조직문화로 발전된 모습을 확인할 수 있었다. 그러다 보니 나의 종교가 '안전'이고 '안전 전도사'라는 소문이 제철소 전체로 확산되며 안전 활동에 대한 신뢰를 구축할 수 있었다. 그리고 여천 화학공단을 비롯한 사외 많은 조직의 벤치마킹 대상이 되어 광양제철소의 성공 사례를 전파하는 안전 강연에 초청되기도 하였다.

안전한 일터가 행복한 세상을 만든다

안전 Audit 체계 구축

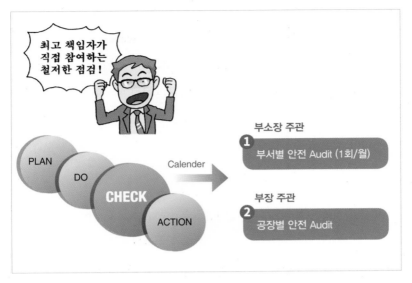

최고 책임자가 직접 참여하는 철저한 점검!

PLAN
DO
CHECK
ACTION

Calender

부소장 주관
1 부서별 안전 Audit (1회/월)

부장 주관
2 공장별 안전 Audit

이처럼 안전한 사업장이 되는 조건은 무엇보다도 안전 최우선에 대한 경영자의 의지다. 안전 진단 체계를 확립하려면 PDCA*Plan, Do, Check, Action* 과정을 주의 깊게 살펴야 한다. 생산Line에서는 열심히 계획하고 실천하지만 재해가 감소하지 않는 이유는 PDCA의 과정에서 평가*Check*를 통한 피드백*Feedback*의 체계가 미흡하면 매년 같은 수준의 형식적인 안전 관리로 되풀이되고 만다. 나는 이 PDCA의 과정을 되짚으면서 특히 실질적인 진단 기능을 강화하여 안전체계를 뿌리내려 갔다.

리더들의 안전 리더십 배양을 위해 교육과 훈련을 강화하였으며 이를 기반으로, 리더들의 안전 기본 실천 솔선수범을 유도하기 위해 리더 평가 기준도 보완하였다.

나의 안전 리더십 Check & UP!

* 무재해 기록을 갱신하고 있던 포스코 제선부는 <u>정리정돈이 미흡했던</u> <u>현장 때문에, 호주 철강회사 BSL의 방문자로부터 40점이라는 냉정한</u> <u>평가를 받았다.</u>

☞ 우리 회사의 현장 상황은 몇 점으로 평가하고 싶은가? 잘된 부분과 개선해야 할 부분은 어떤 것인가?

* 작업 현장의 안전(On-the-Job Safety) 못지않게 일상적 생활 공간 의 안전(Off-the-Job Safety)도 중요하다. 포스코 제선부에서는 '<u>Off-</u> <u>the-Job Safety'를 위해 '금연공장 선포식'과 '가족과의 Hug 운동'을</u> <u>추진했다.</u>

☞ 우리 회사에서 'Off-the-Job Safety' 활동을 추진한다면 무엇부터 해 보겠는가?

* 안전 진단 체계를 확립하려면 PDCA(Plan, Do, Check, Action) 과정 에서, 특히 <u>Check를 통한 Feedback이 제대로 이루어지지 않으면 재</u> <u>해가 감소하지 않는다.</u>

☞ 우리 회사는 안전에 대한 Check와 Feedback을 어떠한 체계로 실 행하고 있는가?

안전한 일터가 행복한 세상을 만든다

4 장

안전한 일터
만들기 3
─ 안전지대를 굳히다

뜨거운
비전을 품다

　　　　　　　　　　　　　　　　'비전'이란 말을 들으면 나도 모르게
가슴이 뛴다. 그 말이 내게 생동감과 살아갈 에너지를 주기 때문이
다. 2006년 7월 4일, 광양만의 백운아트홀에서 '광양제철소 비전선포
식'이 열렸다. 2003년부터 2005년까지 포스코 기술개발실장과 기술
연구소장을 거친 나는 2006년 3월 광양제철소장으로 부임했다. 단상
에 올라 1천여 명 앞에 서니 내 가슴은 더 뜨겁게 타올랐다. 포스코
그룹의 리더와 임직원, 제철소 사원과 그들의 가족, 협력사 임직원,
광양시민들의 앞에서 미래를 향한 열정을 담아 진심으로 비전을 선
포했다.

　"이 자리에 계신 여러분 앞에서 감히 선언합니다. '글로벌 넘버원
Global No.1' 자동차 강판 전문 제철소의 목표를 반드시 이루겠습니다. 우
리의 비전이 이뤄지는 날까지 저는 혁신의 전도사가 되어 여러분과

함께 현장에 있겠습니다!"

맨 처음 소장으로서 무엇을 해야 할지 직원들과 만나 탐색하는 과정을 거쳤다. 하지만 어딘가 모르게 직원들은 붕 떠 있는 느낌이었다. 제철소 분위기는 승리에 취해 있었다. 2002년 그룹은 포항제철에서 포스코로 회사 이름을 바꾸고, '2007년 300만 톤 자동차용 강판 판매' 목표를 설정했다. 그런데 그것을 2년이나 앞당겨 2005년 430만 톤의 자동차 강판을 만들어 판매하였다. 목표를 조기 달성한 만큼 자신감이 충만할 만했다. 사상 최고의 성적을 거둔 것이다. 언론들은 앞다퉈 '포스코의 또 다른 성공'이란 기사를 터뜨렸다.

반대로 난 이 무렵 위기를 감지했다. 당장 중국은 제철소를 10개나 지으며 바짝 추격해오고 있었다. 세계 최고의 기술을 자랑하는 일본 제철소는 신기술 개발에 속도를 내고 있었다. 바깥 상황을 바라보니 한가롭게 머물러 있을 수가 없었다. 긴장감 없이 이 정도면 되었다고 안주하는 순간 경쟁에서 멀어지기 때문이다. 포스코에 다가오는 위기를 공유하기 위한 활동부터 시작했다. 가슴이 뜨거워지는 새로운 비전이 있어야 했다. '글로벌 넘버 원 자동차 강판 전문 제철소 완성'이라는 비전을 선포해야겠다고 결심한 건 그런 이유에서였다.

나는 이어 구체화할 목표를 힘주어 선언했다.

"내가 이곳에 있는 동안 강판 생산량을 650만 톤으로 늘리고, 일본에서 생산하는 '도요타 자동차'에 우리 강판을 수출하겠습니다."

비전선포식에 참석한 모든 사람들이 일시에 눈을 크게 떴다. 그도

광양제철소 비전선포

좌측 3번째가 정준양 회장, 4번째가 필자

그럴 것이 당시 도요타에 강판을 공급한다는 얘기는 그저 해 보는 소리로 인식하는 것 같았다. 도요타에 납품하는 신일본제철에 비해 포스코의 강판 품질이 턱없이 낮았던 탓이다. 흔히 자동차용 강판을 '철강의 꽃'이라 부른다. 어지간한 기술력으로는 도전할 수 없기 때문에 부가가치도 높다. 이것을 얼마나 잘 만들어내느냐가 철강 기업의 미래를 좌우한다고 볼 수 있었다. 하지만 광양제철소 주력 제품인 자동차 강판의 경우 강종은 부가가치가 낮은 내판재 수준이었다. 자동차 회사는 완벽한 품질을 요구하지만 불량률이 높아 원가를 줄이기 힘든 실정이었다. 포스코는 자동자 내판재를 주로 생산했고, 고급강에 속하는 자동차 외판재는 국내 자동차 회사에 기껏해야 100만 톤 정도 납품하는 수준이었다.

나는 부가가치가 높고 진입 장벽이 높은 세계 최고의 자동차 강판 전문 제철소를 만들어 보자고 비전을 설정하고 3년의 목표를 650만 톤 생산판매체제를 구축하는 것으로 구체화했다. 자동차 1대에 강판이 1톤 소요되므로, 이는 650만 대 소요분이다. 매년·팔리는 전 세계 자동차 10대 중 1대는 광양제철소 강판을 사용하도록 하겠다는 포부였다. 그리고 자동차가 경량화되므로 고강도강을 개발하고, 일본 도요타 자동차에 입성하여 외판재를 사용하는 것을 목표로 잡았다. 모두 과욕으로 여긴 목표를 내세웠으니 바로 기술개발에 박차를 가했다. 고급 기술을 알려줄 리 없는 신일본제철을 따라잡으려 밤낮이 없었다. 광양제철소 앞에는 'Global No.1 자동차 강판 전문 제철소 완성'이라는 대형 현수막이 걸렸다.

혼자 꾸는 꿈은 단지 꿈이지만 모두가 꿈을 꾸면 현실이 된다고 믿었다. 제철소장 부임 4개월 만에 광양시민과 함께 비전을 선포한 이래 매년 2~3회 비전 진행 현황을 발표하고 공유했다. 우리가 어디에 와 있고 개인별로 무엇을 해야 할지 의지를 다져 나갔다.

안전을
실천하라

비전을 선포했으니 비전을 현실로 만들기 위한 전략을 세워야 했다. 리더가 아무리 구호를 외친다 한들 기초 체력이 튼튼하지 않다면 비전을 달성할 에너지를 꾸준히 내기 어렵다. 제철소의 기초 체력은 안전이라 생각하고 가치 기준을 생산성이나 품질보다 절대적으로 '안전'에 맞췄다.

소장으로 취임하여 제일 먼저 실시한 임원, 부장 대상 안전 워크숍에서 듀폰 안전 컨설턴트가 공개 석상에서 내게 질문을 던졌다.

"소장님, 자동차 뒷좌석에 앉을 때 안전벨트를 매십니까?"
"……."
안전을 항상 강조한 덕에 포스코의 '안전 전도사'라고 불리는 나였지만 이 말을 듣고는 말문이 턱 하고 막혀 버렸다. 당시에는 자동차 뒷좌석 안전벨트를 매는 이는 없다시피 했다. 당연히 나도 승용차를 탈 때 안전벨트를 의식한 적이 없었다. 안 매는 걸 맨다고 대답할 수도 없고, 그렇다고 안 맨다고 답변을 하려니 임직원들에게 소장으로서 면이 서지 않아 난감한 상황이 됐다. 회사에서 늘 '안전이 가장 중요하다' 말만 했지, 뒷좌석 안전벨트도 매지 않는 제철소장이 바로 나였구나 하는 생각에 얼굴이 후끈 달아올랐다.

이날의 충격 이후로 나는 차량 뒷좌석에서도 항상 안전벨트를 맸다. 임원들과 부장들에게는 따로 벨트를 매라는 소리를 하지 않았다. 부하 직원들과 함께 다닐 때든, 개인적인 일정일 때든 구별 않고 묵묵히 안전벨트를 맸다. 소장이 항상 안전벨트를 매니 어느 순간 임원들이 따라서 벨트를 매는 모습을 발견했다. 점차 물결 효과를 일으켜 일선 현장 직원들로 확산되어 갔다.

나는 이후 광양제철소 통근용 버스의 모든 안전벨트를 재확인하고 좌석 뒤에는 안전벨트 착용 안내문을 붙였다. 그뿐 아니라 사원들의 개인 승용차 뒷좌석 안전벨트가 제대로 작동하는지 일일이 점검해 만약 고장 났을 경우 수리가 끝날 때까지 동료를 태우지 못하게 했다. 계단의 핸드레일도 공장 전역으로 확대해 설치하도록 만들었고 핸드레일 사용도 습관으로 만들기 위해 누누이 강조했다. 주요 시설이나 설비에 대한 벤치마킹도 중요하지만 생활의 벤치마킹 또한 중요하다고 생각해서였다. 우리나라는 최근에야 도로교통법 개정안이 의결되어 모든 도로를 운행하는 차량 탑승자는 뒷좌석까지 안전벨트를 착용하도록 의무화 되었으니 법제화되기까지 10년의 세월이 걸린 셈이다.

그러나 그것만으로는 부족하다는 생각이 들었다. 체계적인 안전 활동을 전개하기 위해서는 듀폰과 같은 강력한 Rule이 필요했으며 전 직원이 지킬 수 있는 분위기 조성이 절실했다. 업종의 특성상 안전한 작업 환경이야말로 성과를 내는 토양이다. 따라서 제철소에서 지켜야 할 가장 기본적인 내용으로 한 10대 안전 철칙을 선정하여 나부터 솔선수범하였다.

10대 안전 철칙이란 포스코 전 지역에 출입하거나 작업하는 모든 사람에게 반드시 지키도록 명문화한 규범이다. 1. 안전보호구 착용 ^{보안경 포함} 2. 계단 통행 시 핸드레일 사용 3. 차량 모든 좌석 안전벨트 착용 4. 건널목 일단정지 및 제한속도 준수 5. 안전장치 임의해제 금지 6. 작업 전 TBM, 작업 중 지적확인 7. 고소작업 안전벨트 착용 8. 가동설비 임의접근 금지 9. 전기 작업 전 전원차단 및 검전 10. 밀폐공간 산소 및 유해가스 검지까지 총 10개 항목으로 이루어져 있다. 분위기 조성을 위하여 주관 부서에서 안전 철칙 준수 여부를 매월 부서별로 평가하여 발표하고 공지하였다. 그중에서 가장 지켜지지 않는 것이 계단 통행 시 핸드레일 사용이었다. 핸드레일이 설치되지 않은 곳이 너무 많아서 철칙 적용이 곤란하였다. 이를 보완하기 위해 제철소 내에 대대적인 핸드레일 설치 작업이 이루어졌다. 사무실 계단도 예외가 아니었다. 10대 안전 철칙은 나부터 솔선수범하고 리더들에 의해 포스코뿐 아니라 협력사, 외주사들 안전의 기초로 자리 잡고 있다.

새로운 안전 기법 3가지

경기가 없을 때 운동선수들은 기초 체력을 보강해 다음 시즌을 대비한다. 안전 활동 기법이 자리 잡아 가는 지금 안전을 더욱 강화할 수 있는 방편은 뭘까. 안전 최우선 기업 문화로 주목받는 듀폰의 안전 우수 사례와 방식을 벤치마킹 모델로 삼고, 제철소에 적용하고자 했다. 듀폰 한국 법인의 안전 컨설턴트로 하여금 듀폰의 체계적인 프로그램을 적용하게 하여 임원부터 담당자까지 계층별로 교육을 시행하였다.

제철소장으로서 안전의 중요성은 아무리 강조하여도 지나치지 않기에 최신예 제철소답게 안전 시스템도 글로벌 수준에 맞추고자 했다. '최고로부터 배운다'는 자세로 Global 듀폰의 선진 안전 기법 벤치마킹을 이어갔다.

광양제철소에 듀폰으로부터 새로운 안전 관리 기법을 세 가지 도입했다. Stop2, 안전 대화, SAO였다. 직원들의 안전 의식을 높이기 위해서는 새로운 규범적 장치를 도입해 볼 만하다는 판단이었다. Stop2는 작업 시작 전 2분간 안전에 대하여 생각하자는 제도이다. 작업자가 2분간 혹시나 숨어 있을 잠재 위험은 없는지 최종적으로 확인하는 시간이다. 관행적으로 하던 작업이다 보니 어떤 잠재 위험이 있을까 다시 생각한다는 것이 쉽지가 않았다. 여유 있게 작업 전 잠시 멈춰서 내 동선을 생각하고, 안전한 공간을 확보한다는 측면에서 가치 있는 안전 기법이었다.

안전 대화 *Safety Contact* 제도도 새롭게 시행했다. 이 활동은 직원의 안전 인식을 고취시키고 강조하기 위해, 회의 시작 전에 안전에 대해서 이야기하는 것이다. 안전의 중요성을 체질화하는 반복 학습의 형태다. 직원들이 안전에 대해 다각도로 생각해 볼 수 있는 기회가 되고, 의외로 안전 문제가 일상에 많이 걸려 있는 걸 확인할 수 있는 제도다. 지금도 듀폰에서는 회의 시작 전에 항상 5분 정도는 안전에 대한 대화를 하도록 회사 방침으로 아예 정해져 있다. 듀폰의 모든 회의에서는 안전사고에 대한 보고가 선행된다. 전 세계 듀폰 지사에서 발생한 안전사고는 바로 다음 날 이메일을 통해 조직 내 공유된다.

안전 대화는 소통의 리더십과도 연관된다. 조직 내 커뮤니케이션을 활성화하기 위해서는 대화의 지속적 소재가 필요하다. 대화 주제를 선정하고 이야깃거리를 찾는 일 자체가 처음에는 생소하지만 안전 대화를 습관화하면 리더와 조직 구성원 간 안전 이슈를 주제로 원활한 소통을 자발적으로 이룰 수 있게 된다.

SAO*Safety Acts Observation* · 안전행동관찰는 BBS*Behavior Based Safety* · 행동기반안전활동와 같은 개념으로 듀폰이 재해 감소를 위해 고안한 제도이다. 과거 우리 제선부에서 안전성 향상에 큰 효과를 거둔 에버그린카드를 더욱 진화시킨 6단계 안전 관리 기법이었다. 안전 미비 사항을 부정적으로

6단계 안전 대화 기법

지적하는 일에 그치지 않고, 상대의 안전한 행동을 먼저 칭찬하고, 안전에 대한 대화를 나눈 뒤에는 감사를 표현함으로써 안전 미비 사항에 대한 지적과 더불어 개선 동의를 얻어내는 데 목적이 있었다. SAO를 효과적으로 이끌기 위해서는 여섯 단계의 대화 기법이 필요하다.

재해의 96%는 불안전한 행동에서 발생한다. 주로 감독자들이 현장 점검 시 불안전한 행동을 발견하게 되는데, 이때 긍정적인 SAO 대화 기법으로 작업자가 스스로 불안전한 행동을 인정하고 개선하고자 하는 의지를 표명하도록 해 안전 의식을 제고할 수 있었다. SAO 제도가 잘 정착되기 위해서는 감독자들의 안전에 대한 전문지식, 관심과 배려, 대화하는 기술*Skill*이 필요하기에 기업에서 감독자들에 대한 지속적인 교육과 훈련으로 뒷받침해야 한다. 일상화되면 직원 상호 간에도 적용하여 조직의 안전 수준을 올리는 데 큰 역할을 할 수가 있었다.

머리론 알고 있어도 실천하지 않으면 소용이 없다. 시스템을 다 갖추었다 해도 제대로 실행하기 위해서는 근본적인 의식 변화가 필요하다. 스스로 느끼도록 해 의식을 바꾸는 최고의 도구가 SAO였다. 우선적으로 SAO 활동을 체계적으로 전개하기 위해 나는 듀폰의 컨설턴트로 하여금 우선 주관 부서의 교육부터 시작하였으며 2차로는 전 제철소 관리 감독자를 대상으로 2박 3일간 집체 교육을 받도록 했다. 물론 실습 과정을 포함하여 실제로 현장에 나가 직접 시연하도록 프로그램을 추가하였다. 여기에서 파생되는 문제점이 있었다. 일부 관리 감독자들이 교육은 잘 받았지만 직접 해 본 결과 책상에서의 보고 문화에 익숙해져 있었다. 그렇다 보니 현장에 나가서 무엇이 잘못되었는지를 잘 알지 못하기 때문에 눈에 보이는 지적만 한다는 것이었다.

따라서 SAO의 확실한 정착을 위해 제철소장이 주관하는 경연대회도 열었다. 서로의 실수와 지적을 공유하면서 우리는 서로를 벤치마킹해나갔다. SAO가 안전 강화의 도약대가 되었음은 물론이다.

디지털 기술 발달로 급속한 시장변화는 모든 기업을 혁신으로 내몬다. 기업의 지속 가능한 발전*Sustainable Development*을 위해서는 끊임없이 변하는 자세가 필수적이다. 혁신의 기반은 무엇인가. 혁신은 안전 없이는 이루어질 수 없다. 힘 있게 오래 유지되는 기업은 바로 안전하게 일할 수 있는 환경을 갖춘 기업이다. 실험 결과에 따르면 불안전한 요소^{위험 요소}가 많이 존재하는 장소와 이러한 것이 전혀 없는 안전한 장소에서의 인간의 행동 속도는 무려 3배 이상의 차이를 보인다고 한다. 따라서 현장에서의 불안전 요소를 사전에 제거하여 안전한 작업 조건을 만들어 주는 안전 활동이야말로 생산성을 증대시키고 품질을 개선하여 기업의 이윤을 달성하는 데에도 필수적인 역할을 하는 것이다. 안전을 통해 기본에 충실하자는 자세로 조직 문화의 밑바탕을 다지는 노력이 필요했다.

규정과 표준을 준수하지 않는 마인드로는 우리의 비전 달성이 불가능하다고 생각했다. 따라서 먼저 표준을 준수하는 마인드를 새롭게 하도록 강조했다. 표준이란 한 번 만들었다고 계속 유지되는 것이 아니다. 과거의 표준이 그대로 굳어져 버린다면 그것은 활용 가치가 있는 표준이라 할 수 없다. 환경이 바뀌면 표준도 바뀌어야 한다. 표준의 '변경 관리'를 위해 바뀐 표준을 숙지하고 실행하도록 독려했다.

운전과 정비를 하나로

제철소 현장 설비는 쉴 틈이 없다. 현장은 운전과 정비, 크게 두 개의 파트로 나뉘어 운영된다. 운전 부서는 조업을 담당하고 정비 부서는 모든 설비가 최적의 상태로 운영될 수 있도록 한다. 그러나 어느 부서보다 협력이 잘돼야 할 이 두 부서 사이에는 높은 장벽이 있는 듯 보였다. 특히 설비가 고장 날 때마다 시비가 붙는 게 다반사였다.

운전 부문에서는 설비가 고장 나면 빨리 고치길 요구했지만, 정비 부문은 설비의 정상 성능 유지를 위한 휴지기를 두고자 했다. 설비를 운전하는 도중에 고압모터가 멈췄다면 적어도 30분은 쉬어야 한다는 논리였다. 쉬지 않아서 고압모터가 타 버리면 설비를 아예 못 쓰게 된다. 운전 부문 입장에서는 하루 24시간 종일 돌려도 생산량을 맞추기 힘들다 보니 쉴 거 쉬고 설비를 돌린다는 말 자체가 납득이 되질 않았다. 모터가 타지 않도록 고치는 게 정비 부서의 역할 아니던가. 처음부터 정비를 잘했으면 고장도 안 났겠지만, 고장이 나지 않도록 잘 운전했으면 돌아가는 데 문제가 생기지도 않았다. 장대한 설비를

놓고 책임 문제가 있기 때문에 두 부서 다 양보하기는 힘든 것이다. 이 상황을 어떻게 극복해야 하는가?

제철소는 장치산업이므로 모든 것은 설비에서 승부가 난다. 설비를 어떻게 운영하는가에 따라서 제철소의 생산성과 원가, 품질, 안전이 달려 있다고 해도 과언이 아니다. 즉 설비가 비전의 승부처였다. 비전 달성의 토대가 되는 안전 관리를 완성하려면 설비를 잘 알고 운영하는 설비 전문가가 필요하다. 광양제철소가 규모를 키워 가던 확장기에는 정비와 운전을 분리하여 각기 전문 조직으로 운영했다. 하지만 5고로 프로젝트를 통해 제철소 확장이 끝났고, 이제는 제철소 전체의 효율을 올려야 하는 시기였다. 예전처럼 정비와 운전이 따로 움직인다면 효율성을 높일 수 없었다.

운전과 정비가 프로세스를 중심으로 목표를 일체화시키도록 현장 생산부서의 운전과 정비 부문의 조직을 생산부소장 산하로 통합을 결정했다. 그런데 정말 운전과 정비라는 거대 부문 간 화학적 결합이 가능할 것인가. 조직 간 소통이 원활하지 못한 문제를 해결하고자 아예 사무실을 합쳐 버렸다. 처음에는 어색해하는 것이 당연했다. 하지만 시간이 답이었다. 같이 밥 먹고, 대화하고, 궁리했다. 그랬더니 서서히 서로를 이해하게 됐고, 운전은 정비를, 정비는 운전에 대해 배려할 줄 알게 됐다. 저절로 마음의 벽은 허물어졌다.

그 다음 단계로 통합 프로세스를 원활하게 하나로 움직이게끔 하기 위해 운전 부서 공장장이 정비 부서 파트장을 평가하고, 역逆으로도 일정 부분 평가할 수 있는 인사 제도상 보완책을 도입했다. 말하자면 서로 크로스 체킹이 가능하게 된 것이다. 이렇게 운전과 정비 부서는 서로의 업적과 성과까지 공유하게 되면서 명실공히 통합을 이루어갔다. 안전 문제를 따로따로 풀어가지 않아도 되었고 그 결과, 설비 가동률이 훌쩍 높아졌다. 제안 참여율도 90%를 넘어서며 동참하는 분위기가 형성됐다. 특히 운전-정비 부서의 통합 학습 동아리가 300여 개 넘게 운영되면서 우수 제안이 전년 대비 200% 향상되는 진전을 보였다. 수많은 성공 체험과 함께 이를 기반으로 경영 성과도 높아지는 선순환 기조를 만든 것이다.

안전한 일터가 행복한 세상을 만든다

한마음으로
현장을 바꾸다

3S는 도요타 등 일본 기업에서 적극적으로 장려한 활동으로 정리整理·Seiri, 정돈整頓·Seiton, 청소淸掃·Seiso를 의미한다. 이 셋이 모두 영문자 S로 시작되기 때문에 3S라고 한다. 5S는 3S에 청결淸潔·Seiketsu과 습관화習慣化·Shitsuke를 추가한 것으로, 가장 기본적인 안전 활동이며 기업의 숨쉬기운동과도 같은 개선의 기초 단계라고 정의할 수 있다.

정리의 출발은 필요품의 기준을 정해 쓸모없는 것과 있는 것, 사용빈도가 높은 것 등을 나누는 일이다. 다음으로 몇 개를 보관할 것인가, 어떻게 보관할 것인가를 정한다. 이를 위해 필요한 활동이 '필요한 것을 사용하기 쉽게 해두는 것', 즉 정돈이다. 정리와 정돈은 미스오퍼레이션Miss Operation·설비의 조작 미스뿐만 아니라 보전 과정에서 일어날 수 있는 모든 실

^{수를 포함} 감축, 시간 단축, 그리고 안전 확보를 목적으로 한다. 청소는 '깨끗한 상태의 유지'만이 아니라 오염원을 제거해 '설비를 정상 상태로 유지'하는 것을 뜻한다. 설비의 이상 또는 고장을 방지하거나 올바른 조작이 되도록 할 수 있어야 한다. 청결은 낭비 제거의 첫걸음으로, 눈으로 보아 문제점이 발생했을 때 이를 한눈에 발견할 수 있는 상태를 유지하는 것을 말한다. 마지막으로 습관화는 마음가짐을 칭하며, 조직의 규칙이나 작업 방법 등을 정해진 대로 준수하는 것이 몸에 익어 무의식 상태에서라도 지킬 수 있는 정도를 의미한다.

제선부장 시절부터 나는 작업 환경의 중요성을 강조했다. 실질적인 작업도 중요하지만 그 작업이 완벽하게 진행될 수 있도록 작업 환경을 만들어야 한다는 점이었다. 용광로의 경우를 따져 보자. 용광로가 오래돼서 기능이 떨어지면 고치면 그만이다. 이렇다 보니 설비 운전만 잘하면 된다고 여겼다. 용광로에 여러 가지 이물질이 들러붙어 지저분하고 오염이 돼 있어도 그 기능을 다하면 문제없다고 생각하는 식이었다.

철강업 같은 장치산업에서는 설비가 핵심이다. 그 핵심 설비가 더럽혀져 있다면 그 기업의 얼굴은 세수를 하지 않은 얼굴이나 마찬가지다. 기본을 놓치고 있다는 소리 아닌가. 하지만 당시는 철강 공급이 절대적으로 부족한 탓에 어떤 제품을 내놓아도 팔리는 시기이다 보니 제품의 품질보다는 생산량을 강조하는 것이 당연했다. 설비에 대한 관심도도 떨어질 수밖에 없었다. 설비에 대한 직원들의 안이한 인식을 혁신하기 위해 3S^{정리, 정돈, 청소} 활동을 양 제철소가 참여하는 전사적인 활동으로 전개하였다.

일하는 방식의 혁신

3S에서 점화된 열기를 조기에 전 제철소로 확산하기 위해 이번에는 제철소 전 공간에서 5S 활동을 시작했다.

전사적으로 사외 혁신 컨설턴트를 공장별로 투입시켜 시범을 보이면서 현장을 깨끗하게 관리하기 시작했다. 이러한 활동을 포스코에서는 QSS*Quick Six Sigma*라 명명했다. 통계 중심의 어렵고 복잡한 식스시그마를 모든 직원이 참여하는 현장의 혁신 툴로 개발한 것이다. 현장에서 정리 정돈은 물론이고 개선할 수 있는 것들을 모두 오픈하여 즉시 개선한다는 의미다. 이번에도 먼저 공장장과 리더로 구성된 팀을 만들었다.

QSS 활동 (안전통로개선)

개선 전   개선 후

 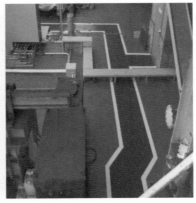

취약 설비를 선정하고 집중적인 활동을 통해 설비를 정상화하는 성공 모델을 시범 보이고 나서 그 다음 감독자들, 주임, 파트장들에게도 오염 물질 제거, 청소 등 쉬운 일부터 처리하도록 권했다. 쉬운 것, 가까운 것, 나부터 실천하자는 취지였다. 특히 업무나 회의 시작 전 "지금 할 일은 지금! 오늘 할 일은 오늘! 즐겁고 신나게! 해 보자, 해 보자, 해 보자!"의 혁신 구호를 제창해 전원이 자율 참여하는 분위기를 조성했다.

업무 / 회의 전 혁신구호 제창으로 자율참여 분위기 조성

> 지금 할 일은 지금!
> 오늘 할 일은 오늘!
> 즐겁고 신나게!
> 해 보자! 해 보자! 해 보자!

기름때와 먼지가 엉겨 붙었던 용광로 내·외부는 몰라보게 깨끗해졌고, 노후화 탓인 줄로만 알았던 설비들의 성능 저하도 개선되었다. 작업 환경이 좋아지자 직원들에게 시각적, 심리적인 효과도 바로 긍정적으로 나타났다. 이후 감독자 계층을 중심으로 전 직원들이 참여하며 열기가 확산되어 갔다.

어두컴컴했던 현장 분위기가 날로 밝아졌다. 설비와 주변 환경이 말끔하게 바뀌니 직원들도 일할 맛이 난다며 좋아했다. 제철소 공장에는 교대 인력이 약 60%, 내근을 하는 상주 인력이 40%를 차지한다. 현장을 바꾸는 활동의 가치를 깨달은 나는 사무실을 지키는 상주 인력에게도 QSS 활동에 참여하도록 권했다. 사무실 직원들은 놀란 표정으로 손사래부터 쳤다.

"소장님, 저희는 바빠서 못 합니다. 일이 너무 많아서 참여하기 어렵습니다."

"그래? 일이 뭐 그리 많아요? 중요한 일부터 해야지요. 왜 그렇게 바쁜지 봅시다."

눈코 뜰 새 없이 일에 치이는 기분이라는 직원들더러 자신의 일을 꺼내 적어 보라고 말했다. 먼저 개인별로 하고 있는 일을 모조리 드러내 놓고 기록해 봤다. 소조직 단위별로 리더 주관으로 '그 일이 정말 필요한가'의 관점에서 '와글와글' 토론을 통해 추려보니 놀랍게도 30~40%의 여유가 생겼다. 업무에 낭비 요인이 숨어 있었던 탓이다. 이제는 일의 긴급도와 중요도, 우선순위를 한눈에 파악하도록 하는 소통의 툴이 필요해졌다. VP*Visual Planning*·업무가시화라는 새로운 업무 방식을 선도적으로 도입한 것이다.

업무가시화를 위한 VP 보드를 붙였다. '계획 업무'는 개선 업무와 일상 업무로 구분하고, '비계획 업무'는 상사의 돌발 지시나 긴급하게 발생되는 업무로 구분해서 관리했다. 시간을 효율적으로 사용하도록 주간 계획을 수립하고 자기 주도로 일정 관리를 하도록 했다. 스스로 계획한 업무를 컨트롤하고 업무 진행 상황을 가시화하여 모두 볼 수 있도록 공유했더니 효율이 오르고 직원이 자기 업무에 의미를 부여할 수 있게 되었다. 또한 업무가 시각화되다 보니, 관리자들은 비계획 업무를 줄이고자 하는 의지를 갖게 되었다. 여유 시간에는 개선 업무를 찾아서 하도록 지도했다. 개인적으로 추진하는 개선 업무를 분기 단위 조직의 목표와 연계해 과제로 수행되도록 진화시켰다.

VP 기본 운영 – 업무 가시화

VP는 개인의 일을 효율적으로 관리해 조직의 성과를 만들어 내는 업무 방식이다. 가장 큰 장점은 개인별 과제를 회사 전체의 비전에 맞춰 갈 수 있다는 것이다. 조직 목표에 최적화된 업무를 능동적으로 찾아 실행함으로써 혁신이 생활화될 수 있다. 일과 시간 낭비를 획기적으로 줄인 VP와 일하는 공간을 완전히 뒤바꾼 QSS로 혁신에는 날로 가속도가 붙었다. QSS와 VP가 따로가 아니었다. 사무실 직원들도 VP로 확보한 여유 시간에 적극적으로 QSS 활동에 참여함에 따라 제철소 전체의 일하는 방식이 서서히 바뀌어 가고 있었다.

그룹 본사의 혁신 주관 부서에서 이구택 회장께 제철소의 이러한 변화상을 보고했다. 현장을 잘 아시는 회장은 기뻐하며 포스코 전 임원과 계열사 임원, 서울 사무소 전 직원의 의식 변화를 위해 제철소 QSS 활동에 참여하도록 지시를 내렸다. 이번에도 리더들이 모범을 보였다. 임원부터 내려와 하룻밤을 묵으며 작업복을 입고 청소를 마쳤다. 직접 현장에 나와 QSS 활동을 해 본 임원들은 이구동성으로 열띤 소감을 전했다. 다음으로는 서울 사무소 직원들이 2박 3일 일정으로 한 설비씩을 맡았다. 이러한 전사적인 QSS 경험 활동은 그야말로 센세이셔널했다. 집무실을 지키던 임원들, 현장과는 거리감을 느끼던 본사 직원들이 광양과 포항에 내려와 작업자들과 엉켜 비지땀을 흘렸다. 청소하고 닦고 조이는가 하면, 녹슨 부위를 벗겨내고 페인트칠도 하는 낯선 광경이 연이어 펼쳐졌다. 포스코가 설립된 이래 상상도 할 수 없던 일이었다.

전 직원의 QSS 활동으로 제철소가 몰라보게 깨끗해졌다. 본사 직원들의 생산 현장에 대한 인식이 바뀌었다. 설비는 현장 직원들만 다루는 것이라는 편견이 깨지고, 조직 전체를 움직이는 현장 설비의 중요성을 두 눈으로 실감한 것이다. 현장 직원들 입장에서는 설비를 잘 관리해야겠다는 생각과 함께 자신이 그토록 열심히 해 온 일에 대한 열정을 함께 나눈다는 자부심이 커졌다. 제철소 전체의 사기가 충천했다.

현장 설비가 눈에 보이게 외관상 새 설비로 바뀌어 갔다. 청소가 된 설비에서는 누유 개소가 쉽게 눈에 드러나 누유 원인을 쉽게 찾아 개선 활동을 하였다. 포스코는 그 이후로도 고유의 혁신 활동인 QSS를 전사적으로 추진해 환경과 설비를 개선했다. 정리 정돈이라는 기초적 안전 업무로부터 비롯한 5S 활동이 QSS와 VP로 연계되며 '낭비 없는 현장'을 만드는 데 기여하였다.

내 설비는 내가 지킨다

QSS의 기본 활동은 5S*작업환경 개선*와 마이머신*My Machine*으로 요약된다. QSS에 박차를 가할수록 의욕만으로는 지속할 수 없음을 알았다. 설비를 관리하려면 겉모습만으로는 안 되고 내부까지 속속들이 알아야 한다. 설비를 분해하고 조립하며 근본적으로 해당 설비의 원래 성능을 유지하도록 하는 활동이 마이머신이었다. 외관상의 정상화가 5S 활동이었다면 마이머신은 설비의 성능을 유지하는 활동이었다. 종전에는 설비의 성능이 발휘되지 못하면 투자 사업으로 반영해 설비를 통째로 교체하기 일쑤였다. 마이머신은 이런 관행을 깨뜨리는 혁신이었다. 정비와 운전 부서 직원을 6~7명 단위로 묶어서 마이머신의 '불씨'로 삼았다. 주 설비 성능이 왜 떨어졌는지, 성능을 유지하려면 어떻게 해야 하는지 별도 팀을 만들어 체계적으로 학습해 원인을 찾아내고 성능을 복원하는 활동을 하였다.

마이머신은 정리정돈을 기반으로 자신의 담당 설비에 대한 사랑의 마음으로 설비 구조를 이해하고 관리를 쉼 없이 하여 성능을 유지하고 개선하는 것이다. 육안 위주로 겉모습을 보는 관리에서, 탄탄한 전문 지식을 갖추고 내부를 파악해 설비의 해체와 복원까지도 가능한 지식근로자*Knowledge Worker*를 육성하는 것이 마이머신 활동의 종착역이라 생각했다. 끝없는 학습과 지식 습득으로 자신의 일하는 방식을 개선하며 혁신하는 지식근로자가 되어야만 직원의 자긍심도 높아지리라 생각한 이유였다.

설비 개선에 대한 주인의식*Ownership*을 부여하기 위해 현장의 '불씨'를 양성했다. 전 직원의 75%를 '즉 실천 리더'로 삼아 5일간 집합훈련*Off-the-Job Training*으로 교육했다. 전 직원의 47%는 4개월 동안 본래 업무를 떠나 몇 명 단위로 그룹을 이루었다. 그들은 설비 성능을 복원하는 성공 사례를 체험할 수 있도록 집중 교육과 훈련을 이수해야만 했다. 그 뒤 개선 리더로 임명하였다. 개선 리더 대부분을 품질 관리의 대명사인 일본 도요타로 연수를 보내 '우리도 할 수 있다'는 동기를 부여하였다. 현장 파트장 중 유능하다고 평가받는 250명의 직원에 대해서는 2년 과정으로 현장 출신 QSS 마스터로 키워 이들이 마이머신의 중심적 역할을 하도록 했다.

계층별 리더에 의한 마이머신 활동이 확산되었다. QSS 마스터는 현장 직원들과 한 설비를 맡아 근본적으로 성능을 복원하고 기준서 표준을 만들어 냈다. 직원들이 월 평균 16시간 일과 이후 마이머신 운동에 참여하며 설비점검 청소, 설비기본 개선과 기준서를 작성하는 변화된 현장 모습에서 큰 보람을 느꼈다.

제철소는 설비를 어떻게 운영하느냐에 따라 생산성, 품질, 비용이 결정되므로 운전 요원들이 설비에 대한 전문성과 관리 역량을 확보

모든 부서에서 마이머신 활동으로 성과를 나타내기 시작함

개선 전 [前]

설비성능 저하로 교체투자예정

개선 후 [後]

개선활동으로 성능복원

하는 것이 경쟁력의 관건이다.

설비에 대한 잠재 위험 요인을 알고 대응하면 궁극적으로 안전한 일터를 만드는 데 초석이 된다. 마이머신으로 본래의 성능을 유지한 설비들에 대해 인증 제도를 만들어 직원들의 열정을 인정하고 격려했다. 전사의 75%인 8,000개 설비까지 마이머신 인증이 확산됨에 따라 현장의 일하는 문화가 빠르게 자리 잡혔다. 신바람 나는 근로 분위기가 형성되니 부서마다 마이머신 활동으로 성과를 내기 시작했다. 예를 들면 설비 성능 저하로 교체 투자 예정이던 컴프레서를, 성능 저하 요인 분석, 개선 활동 추진, 성능 복원을 통해 투자 없이 지속 사용할 수 있게 되었다. 이러한 사례들이 현장의 이곳저곳에서 나오니 부장이나 공장장들은 인증패를 수여하고 직원들을 격려하느라 바쁜 일정을 보내게 되었다.

안전한 일터가 행복한 세상을 만든다

안전 의식을
바꾸려면

　　　　　　　　　　　　광양제철소장으로 일한 지 3년째이
던 2008년, 호주 BSL의 안전 전담 부장인 다링 박사를 3차례에 걸쳐 초
청해 안전 진단을 받았다. 우리의 안전 관리가 상당한 수준에 올라와
있다는 자신감이 있었다. 전문가를 불러서 우리의 안전 수준을 당당
히 평가받고 보완해야 할 부분이 있다면 진단받고자 하는 의도였다.

"광양제철소는 제도적으로는 글로벌 수준이나 실행력이 부족합
니다."

　　BSL 안전 전문가의 평가 의견은 우리의 기대와는 딴판이었다. 시
스템은 충분히 갖춰 놓았지만 아직은 실행력이 못 따라가고 있다는
뼈아픈 지적이었다. 우리 조직으로서는 열심히 노력했지만 듀폰이나
BSL과 같은 선진 안전 기업에 비하면 의식 수준이 부족하다는 것이

었다. 애초 안전 진단을 부탁할 때 나는 내심 지금껏 펼쳐온 안전 구
축 활동에 대해 전문가의 평가를 받고, 안전 혁신에 확실한 드라이브
를 걸려고 했다. 하지만 결과는 전혀 예상치 못한 상황을 불러일으켰
다. '제도적으로는 글로벌 수준이나 실행력이 부족하다'는 뜻을 곰곰
이 따져봤다.

현장의 실행력을 어떻게 채울 수 있을 것인가. 현장의 주인은 일
하는 직원들이다. QSS 활동과 마이머신 활동 등으로 설비에 대한 수
준을 대폭 높여 온 우리였다. 이제는 설비를 운용하는 사람에 대한
투자에 박차를 가해야 할 때였다. 직원을 안전 전문가, 설비 전문가
로 육성해야 위험을 알아채고 실천하는 실행력을 갖출 수 있다. 안전
의식을 키우고 설비의 종합 효율을 높이기 위해 직원들로 하여금 설
비 관련 자격증을 취득하도록 이끌어야겠다는 생각이 들었다.

스스로 발전하는 지식근로자

정리정돈과 마이머신으로 설비별 리스크를 찾아냄으로써 안전은 물론 생산과 품질에도 기여한다는 확신이 들자, 나는 각 공장별로 가장 핵심이 되는 설비를 선정하여 프로세스를 총괄적으로 점검하는 베스트플랜트*Best Plant* 프로젝트에 돌입하였다. 각각의 설비에 대한 세계 최고의 경쟁력을 갖추는 데서 나아가 가장 안전한 작업 환경을 만들겠다는 취지였다.

베스트플랜트 달성을 위한 조직 내의 온라인*On-line* 커뮤니케이션을 위해 학습동아리*CoP, Community of Practice*를 만들어 전 직원들의 능력을 높이는 작업에 착수했다. 학습공동체, 실천공동체라고도 해석되는 이 개념은 전문성으로 문제를 해결하고자 하는 기업 내 커뮤니티를 가리키는 것이다. 사회 변화에 따라 어떤 일이든 혼자서는 풀어가기가 어렵고, 끊임없이 학습을 통해 그 결과물들을 서로 공유해야 하기 때문이었다. 칸막이를 없애고 직원마다 보유한 강점을 합하여 융합함으로써 다양한 이슈에 대한 실제적인 해결책을 탐구할 수 있었다.

그간 현장 중심의 이슈를 감독자 중심으로 과제로 삼아 추진하는 분임조 활동을 펼치기도 했지만 관리자들의 참여가 부족해 타성화되어 간다는 문제점이 있었다. 따라서 학습동아리를 온라인상에 개설하여 현장 개선 활동을 위한 소통의 도구로 삼았다. QSS나 마이머신 활동을 효과적으로 추진하기 위해 진행 과정을 공개하여 등록하게끔 하였다. 감독자와 공장장들도 참여해 의견을 제시하고 문제 해결 방안에 대해 협의, 협업하는 공간으로 활용하였다. 설비 관련 지식이

나 애로 사항, 문제 해결 방안 등을 24시간 인터넷을 통해 공유하고 소통하도록 만들었다. 이렇게 함으로써 직원들 스스로 지식근로자로 발전하는 기쁨과 보람을 맛보게 되었다.

다음으로 효율적 베스트플랜트 추진을 위한 설비 전문역량 확보가 필요했다. 이를 위해 기계정비산업기사 자격증 취득에 목표를 두고 이 또한 리더들부터 도전하도록 실천을 권했다. 그들의 경험과 열정으로 현장 직원들에게까지 자격증 취득 열기가 전파되었다. 현장은 일순간 학구적인 분위기로 변신했다. 전 제철소 차원에서 교육과 훈련 지원도 전폭적으로 진행하였고 이 또한 부 단위, 공장 단위로 선의의 경쟁을 유도했다. 합격을 위한 학습동아리가 자생적으로 가동되었으며 밤늦은 시간까지 학습 열기가 후끈했다. 학습에 소요되는 시간이 이론과 실기 합쳐 240시간으로, 교대 근무 직원들은 밤 11시 퇴근 후 교육센터에서 새벽 두세 시까지 실습 훈련을 자발적으로 하기도 했다. 필기시험을 앞두고는 집에서 TV를 벽으로 돌려 둔 채 자녀들과 함께 학습에 힘을 쏟았다. 필기시험 지원자가 많아 광양에서는 다 수용하지 못해 순천까지 나가느라, 시험을 치르는 토요일 아침 일시적으로 교통 체증이 일어나는 현상도 있었다. 이러한 의지가 결실을 맺어 3년 만에 전 직원의 90%가 자격을 취득할 수 있었다. 그때 나는 직원들이 만들어 가는 신바람 나는 현장을 보며 우리의 비전을 조기 달성하여 중국과 일본의 벽을 넘을 수 있으리라는 확신을 갖게 되었다. 3S에서 출발해 마이머신, 학습동아리, 베스트플랜트로 완성되어 가는 포스코형 QSS는 조직 구성원이 다 함께 공유한 값진 경험이자 비전 달성의 밑바탕이었다.

비전을
현실로 이루다

　　　　　　　　　　　　제철소 소장으로 3년 있는 동안 나
는 아내가 해 준 밥을 먹은 기억이 별로 없다. 15개 부서의 리더들과
매일 아침을 함께 먹었다. 시간이 갈수록 그야말로 우리는 '한 식구'
가 돼 갔다. '회사, 동료, 동반자'라는 뜻을 가진 영어 단어 Company
는 어원상 Com^{함께}과 Pan^빵을 합친 말이다. 다시 말하자면 우리말로
식구食口 그 자체인 것이다.

　즐겁게 밥을 먹으면서 우리의 비전과 공동 목표를 놓고 부서별로
어떤 개선 활동을 했으며 무엇을 어떻게 실천했는지 의견을 나눴다.
나는 주로 듣고, 확인하고, 지원 요청이 있으면 그 자리에서 해결해
줬다. 신기한 점은 이게 반복되다 보니 자연스럽게 알아서 자기 주도
로 일하기 시작했다는 점이다. 모든 기업의 결과물들은 현장에서 나
오지만 현장은 리더 혼자 만드는 것이 아니다. 나는 현장을 다니면서

관찰했고 직원들의 목소리를 들었고 격려하는 일을 끊임없이 반복했다. 언제든 닥칠 수 있는 위기에 대비하여 평상시 소통을 통한 변화 관리와 상하 간 신뢰 관계 구축이 필요했기 때문이다.

조직을 변화시키고자 하면 우선 직책 보임자들이 왜 변화해야 하는지, 그리고 어떻게 무엇을 해야 하는지 인식하고 추진의 주체가 되기 위해 워크숍을 통해 비전과 혁신 활동의 방향성을 공유하게 하였다. 그리고는 매일 아침 일상에서 실천한 내용들을 부서별, 계층별로 발표하도록 한 뒤 피드백을 하는 것으로 하루를 시작했다. 매달 조찬 간담회에서 공장장, 정비과장들이 소장 앞에서 본인들의 활동 상황을 발표한다는 일이 쉽진 않았을 것이다. 발표하기 위해서라도 열심히 할 수밖에 없다는 분위기를 만들었다.

리더가 이끄는 안전 시스템

제철소에서 시행 중인 각종 안전 관리 제도를 지속성 있게 자리 잡도록 하려면 어떻게 해야 할지에 대해서 늘 고민했다.

안전 활동에 대한 근로자의 적극적인 참여와 협조를 유도하기 위해서는 우선 경영층이 안전에 대한 확고한 신념과 강력한 의지를 안전진단을 통해 실천하는 것이 필요하다.

"우선 내가 주 3회 진단을 실시하겠습니다. 안전팀에 지시해 계획을 수립하도록 해 보세요. 이에 따라서 임원들과 부장들도 진단 달력

*Audit Calender*를 작성할 테고, 정기적으로 오전 10시가 되면 전소적으로 실시할 겁니다."

직원들의 마음을 얻기 위해 특별한 일이 없으면 오전 10시부터 11시 30분까지 현장을 방문했다. 당시로서는 파격적인 방식이었다. 바쁜 임원들과 부장들이 매일 오전에 현장에 나가야 하다니, 비현실적이라는 비판도 들려왔다. 고충을 예상하지 못하는 바 아니었지만 나는 계속 진행시켰다. 임원들과 부장들이 현장에 나가서 하는 진단 방법은 SAO의 도구를 활용하기로 했다. 일반적인 안전 감사와는 달리 제철소의 안전 활동 체계가 제대로 돌아가고 있는가를 점검하는 활동이었다. 더불어 직원들의 애로점이나 개선 사항을 직접 눈으로 확인하고 격려해 주는 소통 활동도 놓치지 않았다.

처음에는 직원들이 지적을 당할까 제철소장과 임원들의 방문을 기피하고 껄끄러워했지만 그들의 이야기를 들어 주며 칭찬과 격려를 이어 갔다. 언제부터인가는 소장의 진심을 이해하고, 안전뿐만 아니라 혁신 활동이나 품질 활동 그리고 설비 개선 활동 중에서 자랑거리를 만들어 오히려 방문을 요청하는 상황으로 정서가 바뀌었다. 현장 직원들은 안전 활동이 결코 일시적인 활동이 아니라고 느끼게 되었고 안전을 중요한 가치로 생각하게 되었다. 어느 부서나 마찬가지였다. 나는 이것이 바로 리더로서의 소통과 솔선수범 덕분이었다고 생각한다. 리더가 진정성을 가지고 지속적으로 직원들을 돌보고 사랑하는 펠트 리더십을 발휘하면 직원들은 밝아진다. 결론적으로 광양제철소의 안전 진단은 미흡한 부분의 체크 활동이 아니라, 소통을 통해서 시너지 효과를 발휘하는 노무 관리의 종합적 도구로 기능할 수 있었다.

　이렇게 안전을 최우선으로 여기는 경영 철학과 진정성 있는 펠트 리더십을 바탕으로 광양제철소는 'Global No.1 자동차 강판 전문 제철소'라는 버겁게만 느껴졌던 비전을 현실로 만들 수 있었다. 펠트 리더십과 상호작용을 이룬 직원들의 팔로어십*Followership* 역시 비전을 이루게 한 원동력이었다. QSS, 마이머신, SAO, 이어지는 혁신 활동에 대한 온 직원들의 참여와 끊임없는 노력이 그것이다. 직원들이 학습동아리를 통해 설비에 통달한, 실력 있는 지식근로자가 되니 안전은 물론 설비 측면의 종합 효율이 획기적으로 향상되었다. 설비 효율이 올라가니 원가, 품질, 안전 부문의 목표가 모두 함께 이루어졌다. 650만 톤이라는 강판 생산 판매 체제는 단일 제철소로는 세계 최고였다. 콧대 높은 일본 도요타 자동차에 우리 강판을 수출하고야 말겠다는 목표는 안전과 QSS 현장혁신과 함께 엔지니어와 연구원들의 6시그마 및 도전과제를 통한 기술 활동으로 신기술과 자동차 외판재와 고강도강을 개발하고 제품 품질을 획기적으로 높임으로써 마침내 이루어 낼 수 있었다.

안전한 일터가 행복한 세상을 만든다

나의 안전 리더십 Check & UP!

* 포스코는 <u>체계적인 안전 활동을 전개하기 위해 듀폰과 같은 강력한 Rule이 절실했다.</u> 그에 따라 포스코 전 지역에 출입하거나 작업하는 모든 사람들이 지켜야 할 '10대 안전 철칙'을 만들었다.

☞ 10대 안전 철칙을 우리 회사 상황에 맞게 수정·보완한다면 어떻게 하겠는가?

* SAO(안전행동관찰) 제도가 잘 정착되기 위해서는 <u>감독자들의 안전에 대한 전문지식, 관심과 배려, 대화하는 기술(Skill)이 필요한데,</u> 이를 위해서는 지속적으로 감독자들을 교육, 훈련시켜야 한다.

☞ 이 중에서 리더들에게 전문가에 의한 '대화하는 기술' 훈련의 필요성에 공감하는가? 향후 계획은 어떠한가?

* 포스코에서는 현장 개선 활동인 QSS(Quick Six Sigma)가 자리를 잡기까지 <u>임원들을 비롯한 리더들이 직접 현장에서 작업복을 입고 땀 흘리며 모범을 보였다.</u>

☞ 나는 솔선수범하는 리더인가? 리더들이 현장에서 솔선수범을 보인 사례는 어떤 것들이 있는가?

* 포스코 광양제철소의 안전 관리가 상당한 수준에 올라와 있다는 자신감으로 차 있던 2008년, 호주 BSL의 안전 전문가로부터 '제도는 글로벌 수준이지만 실행력이 부족하다'는 뼈아픈 지적을 받게 된다. 이

때 지식근로자 양성을 위한 투자를 시작하는데, 정비기사자격증 취득에 도전하는 것도 그중 하나였다.

☞ 우리 회사에서는 직원들을 지식근로자로 양성하기 위해 어떤 활동을 하고 있는가?

안전한 일터가 행복한 세상을 만든다

5장

안전마패로
일터를 밝히다

안전 경영의
불씨

비전을 달성해 가도록 이끈 핵심 요인은 세 가지였다. 첫째는 리더가 전략적 측면에서 글로벌 NO.1 자동차강판 전문 제철소 비전을 세웠고, 중기 목표로 '강판 생산량 650만 톤 달성, 도요타 수출'이라는 구체화된 목표가 전 직원에게 공유되었다. 둘째는 비전 달성을 위한 조직별 목표를 세우고 실행력을 높이기 위하여 QSS와 VP / 6시그마와 도전과제 경영 기법을 전사적으로 적용함으로써 현장 설비로부터 출발하는 생산성과 품질 향상, 그리고 기술인력에 의한 제품개발의 속도를 올릴 수 있었다. 셋째는 인간 존중의 안전 문화 정착으로 신뢰를 쌓아갔다는 것이다. 아무리 훌륭한 전략과 실행력이 있다고 해도, 구성원 간의 신뢰가 없다면 조직의 성과를 창출할 수 없다. 포스코의 신기술 개발, 생산성 강화는 안전이라는 든든한 밑바탕 위에서만 가능한 성과였다. QSS 활동은 마이머신 활동으로 연결되고, 직원들을 지식근로자로 변모시켰다. 결국 그들의 변화가 조직의 실행력을 높였고, 안전에 기반한 성과를 지속적으로 이끌어 낸 것이다.

언제나 답은 현장에 있다. 현장에는 경영진 사무실에 없는 실체적 현장감이 녹아 있다. 작업 현장을 다니다 보면 문제 해결의 실마리가 별안간 떠오르곤 했다. 마치 습관처럼 오전이면 현장에 가서 직원들과 얘기를 나누며 설비와 작업 얘기는 물론 그들의 애로 사항에도 귀 기울였다. 이것저것 이유를 두지 않고 만나서 직원들 얘기를 듣고, 제철소장으로서 칭찬할 일이 있으면 칭찬해 주고, 내가 생각하는 개선점을 일러주기도 했다. 현장 방문이 계속되다 보니 처음에는 쭈뼛거리던 직원들이 내 의도를 파악하기 시작했다. 종이 보고서에서는 얻을 수 없는 여러 생생한 정보도 전해 주고, 나중에는 자신이나 소속 부서의 자랑거리까지 말해 올 정도로 신뢰가 쌓여 갔다.

현장방문경영*MBWA, Management by Walking(Wandering) Around*은 경영진이 현장을 방문해 현장 직원과 의사소통을 늘림으로써 빠르게 의사결정을 하도록 하는 경영 기법이다. 『초우량 기업의 조건』이라는 책에 따르면 가장 뛰어난 아이디어는 점원과 창고 직원으로부터 나온다고 한다. 생산 현장의 최고 책임자로서 수시로 현장을 다니며 직원들과 얼굴을 맞대고 경청하는 활동을 통해 위기 해결의 에너지를 얻고 조직의 비전을 강화할 수 있었다.

돌아보면 위기가 아니었던 순간은 없었다. 위기 상황을 벗어나 더 큰 비전을 이루기 위해 인간 중심의 안전 활동과 업무 혁신을 꾸준히 펼쳐 왔다. 안전이라는 방패와 혁신이라는 창을 들고 세계를 향해 비전을 선포했고, 비전을 현실로 만들어 갈 수 있었다. 그 비전은 경영자였던 나만의 비전이 아니었다. 광양제철소만의 비전도 아니었다. 포스코 임직원과 가족, 협력사 임직원과 가족, 더 나아가 광양 시민과 전라남도, 대한민국이 다 함께 실익을 누리게 만들 비전이었다. 불확실한 경제 상황 속에서도 당시 광양제철소를 비롯한 포스코는 어느 기업보다 뜨겁게 혁신했고, 현장으로부터 번진 변화의 힘으로 한 단계 도약할 수 있었다. 포스코 직원들이 현장 혁신의 선구자가 되었기 때문에 짧은 시간 안에 전 세계에서 가장 경쟁력 있는 철강 기업으로 다시금 인정받을 수 있었다.

제철소를 완공하면 긴 막대로 용광로 하단부에 불씨를 붙이는 화입식火入式을 연다. 작은 불씨 하나가, 꺼지지 않는 용광로를 만드는 것이다. 리더의 위치에 있던 나는 '안전 경영'의 불씨를 지폈다. 광양제철소와 포스코라는 거대한 용광로는 아직까지 뜨겁게 타오르고 있다.

안전한 일터가 행복한 세상을 만든다

안전 경영의
불씨가 퍼지다

안전을 위한 노력은 포스코그룹 전
체에 퍼져 나갔다. 사실 포스코의 안전에 대한 관심은 철강업의 특성
상 가히 숙명적이다. 역사도 그만큼 깊다. 지난 1977년 4월 24일 포
항제철소 1제강공장에서 발생한 용선 누출 화재 사고가 계기였다.
불굴의 의지로 34일 만에 공장 가동을 정상화하며 위기를 극복했고,
산업 현장에서 안전을 놓치면 모든 것을 잃은 것과 같다는 사실을 깨
닫게 한 쓰디쓴 약이 되었다. 사고 이듬해 포스코는 4월을 '안전의
달'로 지정했다. 지금도 포스코에서는 매년 4월 한 달 동안 자율 안
전 실천 토론회, 산업재해 전시회, 위험 대응 능력 향상 훈련, 사외
강사 초빙 안전 교육 등 안전 역량 향상을 위한 안전 활동을 집중적
으로 전개하고 있다.

2009년 7월 전사 안전실천사무국이 출범했다. 이후 부문별, 지역

별로 추진하던 안전·보건 활동을 계열사와 외주사를 포함한 포스코 패밀리 범위 전체를 대상으로 통합했다. 광양과 포항, 양대 제철소의 안전 시스템이 다를 이유가 없었다. 제일 먼저 포스코그룹 차원에서 안전 슬로건을 제정하였다. 포스코 사운영회의 개최 시에도 경영진 모두가 회의 전 합동으로 복창하여 포스코의 안전에 대한 의지를 표명하였다. 이러한 파급 효과는 자연스레 부 단위, 공장 단위로 이어졌다. 또한 안전 매뉴얼, 규정, 지침과 작업 표준, 안전 편람 등을 최적화시켜 전사 통합 표준으로 삼았다. 안전실천사무국은 얼마 뒤 안전혁신사무국으로 이름을 바꿔 기획 및 전략, 진단, 설비 안전, 교육 훈련 등 4개 분야별로 혁신적 안전 체계 구축을 추진했다.

당시 나는 포스코의 생산기술부문장*COO, Chief Operation Officer* 으로, 듀폰의 전문가를 영입하여 제철소별 상이한 안전 활동을 통합하고 전사 안전위원회를 운영했다. 체계적 진단을 통해 안전 전략을 수립했고, 안전 교육 시스템을 확립했다. 계속적인 피드백을 통해 분기별로 나아지는 모델을 만들었다. 경영진으로부터 현장 직원에 이르기까지, 안전이 포스코그룹만의 고유한 문화로 건강하게 뿌리 내리는 과정이었다.

분기별로 실시하는 전사 안전위원회 회의에 참석하러 들어온 김진일 포항제철소장이 자리에 앉자마자 오른손을 반대쪽 어깨로 올리는 것이었다. 습관적으로 안전벨트를 찾은 것이다. 바로 옆자리에서 그 모습을 보고 난 빙그레 미소를 지었다. 전사적인 안전 문화 확산 노력으로 안전이 체질화되었다는 걸 단적으로 보여주는 장면이었기 때문이다.

"김 소장, 이제 의자에 앉을 때도 안전벨트를 찾으니 안전 철칙이 완전히 몸에 밴 모양입니다." 내가 가벼운 농담을 던지자 회의장엔 한바탕 웃음이 번졌다.

그룹 차원으로 안전 진단*Audit* 을 실시해 계열사와 외주사의 안전 수준을 진단하고 변화 관리 측면에서 컨설팅하였다. 그리고 상대적으로 취약한 계열사 안전 수준을 포스코 수준으로 올리기 위해 안전 체험관 건립을 추진해 2011년 12월 준공하였다. 안전체험관은 지상 3층 규모로 포항 시민과 학생이 교육받을 수 있는 체험관을 마련했고 직원들의 전문적인 안전 교육과 체험을 위한 실습실도 충분히 설치하였다.

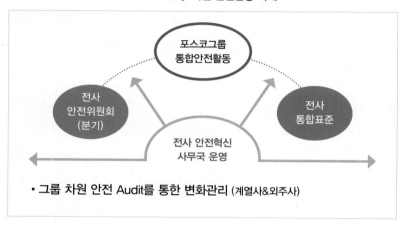

포스코Group 차원 안전활동 확대

포스코그룹은 안전, 재난, 보건 관리를 총괄하는 글로벌안전보건그룹을 운영하고 있다. 2009년 설치된 전사안전실천사무국이 안전혁신사무국을 거쳐 지금은 글로벌안전보건그룹으로 발전한 것이다. 각 사업장별로도 300여 명의 안전 전문 인력들이 활동 중이다. 포항제철소와 광양제철소에는 산업안전기사 1급 이상인 안전 인력이 전문 부서를 포함하여 약 500여 명이 근무하며 무재해 제철소 구현을 위해 구슬땀을 흘리고 있다.

안전한 일터가 행복한 세상을 만든다

포스코의 안전은
기업 문화다

　　　　　　　　　　　　　　기업을 이끄는 리더는 조직 구성원
의 잠재력을 최대한 끌어내는 능력을 갖춰야 한다. 직원들이 자신의
일에 깊이 몰입할 수 있도록 최적의 근로 환경과 안전 시스템을 조성
해 주어야 한다는 것이다. 미국의 듀폰이 오늘날 리스크 관리에 있어
서 세계적인 명성을 얻고 있는 비결도 '안전'을 최우선 가치로 삼는
리더의 경영 철학이다. '세계에서 가장 안전한 일터'라는 듀폰의 깨
지지 않는 명성이 리더의 의지와 솔선수범으로 뒷받침되고 있다. 듀
폰 사무실은 문턱이 전혀 없다. 혹시라도 문턱에 걸려 넘어지는 사고
를 막기 위해서다. 모든 유리문에는 접합 필름이 들어 있어 유리가
깨져도 파편이 튀지 않도록 되어 있다. 듀폰의 안전 교육 내용 중에
는 필통에 필기구를 꽂을 때 손이 찔리지 않도록 반드시 펜촉을 아래
로 두라는 사항까지 들어있다. 안전에 초점을 맞춘 리더십으로 조직

전체가 하나의 방향을 향해 일사불란하게 움직이고 있는 것이다.

한국 경제의 살아 있는 역사인 포스코 역시, 창업자인 고故 박태준 회장 이래로 안전의 가치만은 결코 양보하지 않는다는 경영자의 리더십이 수십 년간 발휘되어 오고 있는 조직이다. 제철보국製鐵報國의 확고한 신념으로 출발한 포스코의 열정은 '자원은 유한, 창의는 무한'이라는 지치지 않는 도전의 옷을 입고 글로벌 시장을 누비고 있다. 국부를 창출한다는 자부심과 안전 시스템에 대한 신뢰감은 포스코를 세계 1위 경쟁력의 철강 기업으로 만든 기반이다. 글로벌 업계에서 포스코는 휴업도수율연 근로 시간 100만 시간당 재해 발생 건수 기준으로 세계 최고의 안전 수준을 기록하고 있다. 2014년 휴업도수율로 비교했을 때 포스코0.19는 국내는 물론 일본의 신일본제철0.22, 고베제강0.43, JFE0.15와도 앞서거나 대등한 수준을 자랑하고 있다.

기업 문화란 경영진에 의해 계승되어야만 흐름이 유지될 수 있다. 포스코그룹이 '안전제일'의 기업 문화를 발전시켜 올 수 있었던 비결은 경영진과 전 직원들의 노력이라고 생각한다. 안전을 위해 땀 흘리고 고민했던 전사적 안전 활동의 경험이 세대를 거치며 계승되었기 때문에 안전 문화의 전통이 흔들리지 않은 것이다. 껍데기만 입었을 뿐이었다면 한참 전 벌써 퇴색되었겠지만, 내부까지 스며들었던 체질화된 안전 활동은 바래지 않고 그대로 이어지고 있다.

최근 포항제철소에 방문해 김진일 사장과 김학동 소장의 안내로 포스코 안전 문화의 발전 방향과 안전 시스템 현황을 면밀히 살펴볼 기회가 있었다. 김진일 사장은 안전 경영의 방점을 '설비 강건화'에 두고 있다고 강조했다. 이를 통해서 설비를 최상의 상태로 관리함으로써 설비의 잠재위험을 제거하고, 병행하여 현장의 낭비를 획기적으로 개선하고 있다고 자신 있게 설명하였다. 김학동 소장은 "과거 도입했던 안전 대화, Stop2 등 여러 안전 활동이 지금은 진화된 형태로 포스코 안전 문화의 한 축으로 자리 잡고 있다."라고 말했다. 후임 경영자의 일관성 있고 지속적인 활동으로 안전 문화가 진화되었다는 사실에 그들과 함께하였던 지난 시절이 자랑스러웠다. 이제는 포스코만의 고유한 '안전 문화' 정착이 완성 단계에 이르렀음을 현장 방문을 통해 확인할 수 있었다.

교통안전

포항제철소 정문에 들어서니 못 보던 광경이 펼쳐졌다. 모든 차량들이 전조등을 켜고 있어 비상 상황이라도 발생한 건가 의문이 들었다. 나중에 알고 보니 새로운 교통 문화를 정착시키기 위해서 사내에서 대대적으로 벌이는 '굿 드라이버 운동'의 일환이었다. 포항제철소에는 하루 평균 직원들 승용차는 물론 자재 납품차량, 제품 운송차량 등 1만 2천 대 가량의 차량과 1천여 대의 오토바이가 드나든다. 10부제를 실시한 지도 10년이 지났지만 오히려 늘어나는 차량 때문에 사고가 끊이질 않았다. 이런 배경에서 포스코가 교통사고 근절과 기본 실천 문화 정착을 위해 지난 2015년부터 제철소 전 지역에 '굿 드라이버 운동'을 전개하고 있는 것이었다.

주간에도 전조등을 켜도록 하고 제철소 내에서는 제한속도를 50km/h에서 40km/h로 내렸다. 아울러 교차로의 정지 표지판을 대대적으로 확대 설치했다. 또한 횡단보도에서는 반드시 자전거에서 내려 걷도록 생활화했다. 처음 시작할 때에는 제철소 출입 직원들과 외부인들이 불편을 호소했다고 한다. '50km/h도 느린데 40km/h라면 차라리 걷는 게 낫다'는 불평이 끊이지 않았다. 당연히 '대낮에 전조등을 왜 켜야 하느냐'는 볼멘소리도 불거졌다. 하지만 제철소 내 교통사고를 줄이기 위해서는 이 같은 특단의 조치가 필수적이었다.

포항제철소 안에서 발생하는 교통사고 발생 건수는 2012년 15건, 2014년 20건, 2014년 11건으로 매년 10~20건이나 됐다. 안전팀에서 구내 교통안전을 위해서 매일 출퇴근 시간에 계도 활동을 벌이고, 위반 차량에 대하여 출입을 금지했지만 별반 나아지질 않았다. 건널목 일단정지와 지적확인이 정착됐음에도 불구하고 교통사고가 끊이지 않는 게 현실이었다. 직원들 출퇴근 차량은 물론이고, 외주사 직원들 차량, 외부 수리 작업자들의 출퇴근용 오토바이, 그리고 전국에서 제품을 싣고자 몰려드는 화물 차량이 혼재한 탓이었다. 언젠가는 교통사고가 날 수밖에 없겠다는, 불가항력적인 사고라고 여기는 인식이 직원들과 출입자들 사이에 퍼졌다. 그런 상황에서 매년 사망자도 1~2명씩 발생했기 때문에 특단의 조치를 취한 것이다.

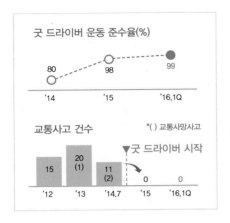

굿 드라이버 운동 준수율(%)

80   98   99
'14   '15   '16.1Q

교통사고 건수   *( ) 교통사망사고
                ▼굿 드라이버 시작

15   20(1)   11(2)   0   0
'12   '13   '14.7   '15   '16.1Q

'굿 드라이버 운동'은 성공적이었다. 운동 초반 준수율은 80%밖에 안 됐지만 지금은 99%까지 상향됐다고 한다. 바꿔 말하자면 제철소 내의 교통질서가 완벽에 가깝게 정착됐다는 얘기다. 이에 따라 교통사고도 크게 줄었다. 특히 2015년부터 2016년 현재까지는 단 한 건도 일어나지 않았다. 포항제철소와 더불어 광양제철소에서도 교통안전에 대해 똑같은 규정을 적용하고 있다. 제철소 도로 주행 중 라이트 켜기 운동에서 일어난 에피소드가 있다. 퇴근시간이 되면 배터리 방전이 곳곳에서 일어나 동료들에게 SOS를 보내는 일이 잦았다. 급기야 회사에서 배터리 방전 시 해결사 역할을 해주는 팀을 한시적으로 운영하기도 하였다.

이러한 노력들에 힘입어 구내 교통사고가 눈에 띄게 감소했다. 포스코 김진일 사장의 적극적인 의지와 양 소 제철소장, 안전 관계자들이 발휘한 강인한 리더십이 함께 일구어 낸 결과가 아닐 수 없다.

안전대화(Safety Contact)

안전대화는 듀폰에서 일상적으로 시행하고 있는 '안전 의식 제고 활동'에서 비롯된 말이다. 어떤 작업이나 활동, 심지어 회의를 시작하기 전 반드시 모인 사람들이 각자 겪은 안전에 대한 이야기부터 나누고 업무를 시작하는 방식이다. 광양제철소장 시절 처음 도입했던 안전대화가 이제 아이스브레이킹*Ice Breaking*으로 활용되고 있었다.

자칫 어색할 수도 있는 대화이기에 참석자들의 입을 열게 하기 위한 형식과 절차가 필요했다. 회의를 주관하는 관리자부터 솔선수범해서 자연스레 참석자들 전원이 순서대로 간단하게 한마디씩 대화하는 분위기로 만들어 갔다. 초기에는 주관 부서나 일부 관심 있는 부서에서만 부분적으로 안전 대화를 운영하고 있었으나 이제는 모든 조직에서 각종 회의 전 안전 슬로건을 제창하고, 안전 대화를 마치고서 본 업무를 시작하는 것이 습관화되었다. 예를 들면 이런 식의 대화다.

"어제 모임 장소가 지하에 있어서 혹시 화재가 발생하면 비상구가 어디 있는지를 알아봤습니다. 동석한 지인들에게 설명해 주었더니 도움이 되었다며 좋아하더군요."

제철소 주관 부서에서는 안전 대화 관련 동영상을 유형별로 분류해서 총 200여 편을 제작했다. 그리고 상시 풀*Pool* 방식으로 운영해 누구나 필요할 때마다 활용할 수 있도록 멍석을 깔아 줬다. 운영 목적은 안전에 대한 주의와 경각심을 잃지 않도록 끊임없이 안전 의식을 강화하는 데 있다. 제도 도입 초반에는 이런 활동을 언뜻 보기에 귀

찮고, 시간 낭비, 예산 낭비인 것처럼 여기는 이들도 많았지만, 안전이 문화로 정착되면서 이제는 지극히 당연하게 느끼는 수준으로 발전되었다. 오히려 하지 않으면 뭔가 허전하고 개운하지 않은 일상이 된 셈이다.

SAO와 TBM

한편 SAO*Safety Acts Observation*·안전행동관찰와 가장 기본적인 TBM위험 예지 훈련은 어떻게 진화되고 있을까 궁금하였다.

포스코에서는 신개념의 SAO 활동을 추진하고 있다. SAO를 노무 분야에까지 확대 적용한 것이다. 불안전한 행동뿐만 아니라 직원들의 애로 사항과 설비 관리 등 여러 문제점을 관리 감독자가 직접 듣고, 확인하고, 조치함으로써 상호 신뢰의 기반을 구축한다. 안전 진단*Audit*의 핵심 기법으로서 SAO 제도를 활용한다는 것도 서로를 존중하는 태도와 개개인을 향한 긍정성을 바탕으로 하는 SAO이기에 운용의 묘를 살릴 수 있는 것이다.

크게 생각하면 SAO는 진단 개념으로 TBM*Tool Box Meeting* 등 전반적인 안전 활동을 정확하게 실시하고 있는지 살펴서 조정하는 활동이라고 이해하면 된다. 일하는 도중에 작업자들이 불안전한 행동을 하고 있는가를 관찰하고 지도해 주는 기능도 병행한다. 이런 맥락에서 포스코가 안전 진단 활동에 SAO 기법을 적용시키고 있는 것이다. 안전 진단은 파트타임*Part Time*과 풀타임*Full Time*으로 나눠 운영된다. 파트타임은 제철소 최고 책임자인 제철소장이 월 4회 이상 실시하고 있으며, 포스코 임원이 주 3회 이상, 포스코 부장과 외주 파트너사 임원이 주 3회 이상, 공장장은 매일, 파트장들은 상시 실행하고 있다. 풀타임은 안전방재부와 안전 파트장 그리고 외주 파트너사 순시*Patrol* 등 3가지 형태로 운영된다. 기타 현장 곳곳에 설치되어 있는 CCTV를 활용하기도 한다. 진단 결과를 유형별로 분류해 쉬운 것은 즉시 개선 조치하고, 투자나 설비 개선 부문은 계획을 세워 중장기적으로 조치하도록 하고 있다. 또한 유사한 사례는 전 제철소에 전파해 개선을 꾀하고 다음 주기 안전 진단 시에 반드시 확인하도록 체계적으로 운영하고 있다. TBM이 자신과 동료의 안전을 스스로 지키는 일상적 활동이라면, SAO는 직원을 사랑하는 최고 책임자의 펠트 리더십이 발휘되어야 하는 제도다. 경영자가 SAO와 안전 진단의 과정에 직접 참여하고, 피드백을 전달해야만 현장 조직의 지속적인 개선이 뒤따르는 상하 협력과 소통의 업무 방식이기 때문이다.

스마트세이프티

설비 안전이란 가동 중 설비에는 어느 누구도 접근을 하지 못하도록 펜스*Fence* 등으로 격리시키는 행동에서 시작된다. 이를 무시하고 출입할 때는 광센서 작동으로 설비가 자동으로 멈추도록 포스코의 안전시스템 중의 하나인 ILS*Isolation Locking System*가 적용되고 있다. 작업자가 공간을 출입할 때도 등급별로 나누어 승인을 얻은 후에 드나들 수 있도록 규정한다. 앞으로는 근로자가 위험 구역에 접근하면 영상 추적을 통해 경보가 울리거나 설비가 정지되는 기술이라든지, 위치 기반 기술을 통해 위험 예지 및 안전 감시 활동을 하는 기술을 일부 적용하고 확대할 계획이다. 밀폐 공간의 가스 감지 결과와 온·습도, 산소 농도, 진동 데이터 등을 분석해 개인별 웨어러블*Wearable* 기기를 통해 경보를 울려 줌으로써 근로자의 대처 능력을 제고한다. 소음 지역에서 작동하는 귓속 마이크나, 드론을 활용한 구내 교통순찰도 가시화되고 있다. SF 영화에 등장하는 미래형 안전 보호구 개발이나 로봇 기술의 접목도 작업 안전성을 획기적으로 높여 준다는 측면에서 스마트세이프티 발전 방향의 한 갈래다.

포스코는 현재 사물인터넷*IoT, Internet of Things*을 이용한 우수 아이디어를 적극 발굴하고 있다. 사물인터넷이란 사물에 센서를 부착해 실시간으로 데이터를 인터넷으로 주고받는 기술이나 환경을 말한다. 지금까지는 인터넷에 연결된 기기들이 정보를 주고받으려면 인간이 조작해야만 했다. 하지만 사물인터넷 시대가 현실화되면 사람의 도움 없이 장치들이 서로 알아서 정보를 주고받으며 커뮤니케이션 할 수 있다. 예를 들자면 안전모에 센서를 부착, 무인대차가 소리 없이 접근해 오더라도 자동으로 경보가 울리도록 하는 것이다.

이제 사물인터넷이나 인공지능 기술의 적용으로 작업자가 인지하지 못하는 사소한 잠재 위험마저 사전에 제거할 날이 멀지 않았다. 포스코의 스마트세이프티는 현재진행형이다.

포스코, 7년 연속 세계 최고의 경쟁력

포스코그룹 전체에 안전 문화가 뿌리를 내리면서 최근 반가운 소식이 들려왔다. 세계 철강 전문 분석기관인 WSD*World Steel Dynamics*가 2016년 6월 발표한 세계 철강사 경쟁력 순위에서 포스코가 1위를 차지한 것이다. WSD는 세계 37개 철강사를 대상으로 기술 혁신, 원가 경쟁력, 재무 건전성, 원료 확보 등 23개 항목을 종합 평가해 1년에 한두 차례 순위를 발표해 왔다. 포스코는 평가 항목 중 기업 구조 재편 활동과 혁신 기술 활용, 현장 엔지니어의 숙련도와 생산성, 고부가가치 제품 판매와 원가 절감 분야 등에서 최고 점수를 받아 종합점수 8.02로 세계 1위를 기록했다.

특히 포스코는 지난 2010년부터 7년간 연속 1위에 오르며 변함없는 경쟁력을 과시했다. 나는 이러한 놀라운 결과가 '안전'이 기업 문화로 정착되도록 이끈 '직원 사랑'의 펠트 리더십*Felt Leadership*에 기인한다고 믿는다. 육중한 기계 장치를 다루는 철강 업종이지만 조직의 최고 책임자가 감성을 바탕에 둔 펠트 리더십을 갖추고 있었다. 현장방문경영*MBWA, Management by Walking(Wandering) Around*으로 경영자가 일선 직원들을 격려하고 피드백하는 시스템을 구축하고 소통으로 신뢰를 쌓아왔기 때문에 나온 성과라는 것이다. 기술적으로 뛰어난 성과를 거두는 기업은 포스코 외에도 더 있겠지만, 포스코의 조직 문화는 특별했다. 지금도 임원들부터 사무실을 현장으로 옮기고 3현주의*현장, 현물, 현상*를 구현하고 있다. 임원의 열정과 솔선수범은 안전으로부터 시작한 소통 활동으로 노무, 생산, 품질, 설비에 있어서 종합적 효율과 직원들의 긍정성을 이끌어 내는 원천이 되고 있다.

포스코는 안전 진단*Audit*과 같이 현장 직원들과 소통하는 활동에 MBWA의 무게를 둔다. 권오준 회장은 '포스코그룹의 심장은 현장이며, 모든 경쟁력은 현장에서 나온다'는 메시지를 연일 강조하고 있다. 임직원의 모든 활동은 현장에 맞춰져 있어야 한다는 뜻이다. 권 회장의 이 메시지는 최근 몇 년 사이 경기를 예측하지 못하고 의욕이 앞선 투자로 인해 어려워진 포스코그룹을 되살려 '위대한 포스코 *POSCO the Great*'로 재건하기 위한 노력의 방편이다. 실제로 권 회장은 시간 날 때마다 현장을 방문, 직원들을 격려하고 현장에서 답을 찾고 있다.

그는 2014년 크게 흥행한 영화 '명량'을 보고 23전 23승이라는 이순신 장군의 승리 비결을 '현장'으로 꼽았다. 13척의 배로 133척의 적함을 격침시킨 명량해전의 승전고를 울린 것은 현장을 중시한 장군의 뛰어난 전략 덕이었다는 평가다. 명량해전의 승리는 울돌목이라는 지형의 특성과 정보를 최대한 이용했기에 가능했다. 권 회장은 이처럼 전쟁에서의 승패는 정확한 현장의 정보 수집과 이에 기반을 둔 전략과 전술 수립에 달려 있다고 믿고, 현장의 중요성을 몸소 실천하고 있다. 세계 최고의 자동차 기업 도요타에서도 현장·현물·현실의 '삼현주의三現主義'를 지침으로 삼고 있지 않은가.

"생산 현장에서는 끊임없는 아이디어 발굴과 즉각적인 실천을 통해 생산성과 품질을 극한 수준까지 높여가야 합니다. 마케팅 현장에서는 고객의 목소리를 상시 경청하고, 겉으로 드러난 것은 물론 숨겨진 요구사항까지도 파악할 수 있어야 합니다."

포스코 권오준 회장은 수시로 현장을 방문해 생산과 마케팅 현안을 살피고, 현장 직원의 말에 귀 기울일 것을 거듭 강조해 왔다. 발로 뛰고 눈으로 확인하는 현장 경영으로 회사의 숨겨진 문제점을 찾아내고 새로운 개선과 도약의 기회를 발견할 수 있다며, 현장 경영을 통해 의사결정 속도가 빨라지고 조직 내 소통과 화합을 높일 수 있다고 그는 힘주어 말한다.

부가가치가 높은 고급강인 월드프리미엄*World Premium* 제품 비중이 증가하고 솔루션마케팅*Solution Marketing*의 중요성이 더욱 커진 상황에서 마케팅 현장에서의 역량 제고가 필요하다는 이야기다. 포스코그룹 임직원 모두 현장 마인드로 무장하고 새로운 기회와 성과를 창출하기를 주문한 것이다. '현장이 허약한 기업은 사상누각에 불과하고, 현장에 발을 딛지 않은 비전은 일장춘몽일 뿐'이라는 권 회장의 말을 접하며 문득 광양제철소 비전을 선포한 후 현장에서 비지땀을 흘리며 토론하던 우리의 기억이 떠올랐다.

설비 경쟁력과 조업 안정성은 기본적으로 갖춰야 하는 항목이다. 현장을 존중하며 안전을 챙기는 안전 리더십*Safety Leadership*으로 요약되는 포스코의 경영 철학은 시간이 흐르며 더욱 발전된 형태로 현재까지 이어지고 있다. 이것이 지금 세계에서 가장 경쟁력 있는 철강회사라고 인정받는 '포스코 정신'의 바탕인 것이다.

안전한 일터가 행복한 세상을 만든다

나의 안전 리더십 Check & UP!

* 포스코는 <u>안전, 재난, 보건 관리를 총괄하는 글로벌안전보건그룹을 운영하고 있으며</u>, 안전 전문 인력이 500명에 달한다.

☞ 우리 회사 내에 안전 전담 조직은 어떻게 운영되고 있는가? 안전을 전문 분야로 인식하고 있는가?

* 포스코는 세계 철강 전문 분석기관인 WSD의 세계 철강사 경쟁력 순위에서 7년 연속 1위를 차지하고 있지만, 영상 추적이나 위치 기반 기술 적용 등으로 <u>포스코의 안전 시스템은 여전히 진화 중이다.</u> 현재도 사물인터넷(IoT, Internet of Things)을 이용한 우수 아이디어를 적극 발굴하고 있다.

☞ 우리 회사에서는 안전 개선을 위해 직원들이 참여하는 어떤 제도를 갖추고 있는가?

* '세계에서 가장 안전한 일터'라는 듀폰의 사무실은 문턱에 걸려 넘어지는 사고를 막기 위해 문턱이 없으며, 안전 교육 내용 중에는 <u>필기구를 필통에 꽂을 때 손이 찔리지 않도록 펜촉을 아래로 두라는 사항까지 들어있다.</u>

☞ 우리 회사는 작업 현장뿐만 아니라 일상 공간의 안전을 위한 지침까지 마련되어 있는가?

6장

만사형통의
안전 이야기

포스코의 안전 활동을 소개하거나 안전 문화의 정착을 설명하다 보면, '포스코여서 가능했던 일 아니었느냐'라는 질문을 받을 때가 있다. 크고 강한 조직, 임금 등 근로 여건이 비교적 우수한 직장이기 때문에 직원의 참여를 쉽게 얻어 낸 것은 아니냐는 시선이었다. 큰 배라고 해서 풍랑을 만나지 않는 것이 아니다. 오히려 작은 배는 아예 출항을 하지 않는 날, 사나운 폭풍을 홀로 견뎌야 할 때가 있다. 선장과 조타수는 정확한 향방을 선제적으로 읽어 내야 한다. 큰 조직은 작은 조직에 비해 방향 전환과 비전 전파가 느릴 수밖에 없다. 그럼에도 적시에 경영 활동의 방향을 설정하고 전 임직원이 하나의 목표를 신속히 공유하는 조직 분위기를 조성하여야 한다.

　스티븐 M. R. 코비Stephen M. R. Covey는 자신의 저서 『신뢰의 속도The Speed of Trust』에서 신뢰 수준이 높아져야만 성공의 속도가 빨라지고, 비용이 감소한다고 설명한다. 포스코의 성공은 조직 내 높은 신뢰 수준을 기반으로 한 펠트 리더십Felt Leadership의 힘이 크게 기여하였다. 여기 포스코 안전 경영 철학을 공유해 온 광양기업, 조선내화, 대주기업의 사례를 소개한다. 포스코처럼 대규모의 조직이 아니기 때문에, 기업을 이끄는 최고 책임자의 펠트 리더십이 조직 전체의 기업 문화를 어떻게 바꿔 놓을 수 있는지를 더욱 가깝고도 생생하게 느낄 수 있을 것이다.

안전한 일터가 행복한 세상을 만든다

환경미화원이
산업안전기사가 되다
– 광양기업

기본에 충실해야 사고 없다

2016년 5월 벌어진 지하철 2호선 구의역 스크린도어 사고로 서울메트로 하청업체 소속의 꽃다운 젊은이가 희생당했다. 이 사건 이후 '위험의 외주화' 현상이 사회적으로 크게 이슈화되었다. 원청사와 하청사 간의 불평등한 계약 관계와 근로 조건이 이 사건을 불러왔다는 논리다. 동일한 유형의 사고가 이미 여러 번 발생했음에도 문제의 원인을 사전 제거하지 못했다는 점에서, 한국 사회의 공공 부문에서조차 인간 존중의 가치가 경시되고 있음을 느끼게 된다.

이 사건이 터지자마자 광양제철소의 외주 파트너사 기업인 광양기업이 떠올랐다. 전문성은 기본이고 무엇보다 직원들의 안전을 최우선으로 여기는 황재우 사장이야말로 오늘과 같은 위험 시대를 돌파해 내는 탁월함을 갖추고 있다고 여겼기 때문이다.

황 사장과 내가 맺은 인연은 광양제철소 제선부장으로 재직할 때로 거슬러 올라간다. 그때부터 광양기업과 나는 많은 영향을 주고받았다. 내 의지와 열정으로부터 비롯된 제선부의 '안전제일', 금연 활동, 그리고 그 이후에도 이어진 지식근로자를 양성하는 과정까지 광양기업의 발전과 나의 경영 행로는 궤를 함께해 왔기 때문에 누구보다 광양기업에 대한 이해가 깊다.

제철소 내의 열악한 작업을 주로 하는 향토기업

사내, 사외에서의 인식

재해다발   저경력
지역주민
(고령화)
3D 직종

광양기업에서는
어떤 일이 일어났을까

?

안전, 아는 만큼 실천한다

광양기업의 오늘은 저절로 만들어지지 않았다. 1984년, 향토 기업으로 설립 후 몇 년간 광양기업은 낙광 처리와 청소를 하는 단순 근로자로 구성되어 있었다. 몇 년 지나다 보니 작업 현장에서 다치는 사람들이 한둘이 아니었다. 사고가 반복되자 황재우 사장은 뼈저리게 후회했다고 한다. '직원들의 안전을 볼모로 회사를 운영하는 것은 창피한 일'이라는 생각에 1994년 재창업을 선언했다. '남들이 꺼리는 뒤처리만 하는 기업, 그래서 그 기업에서 월급 받는 직원들도 언제든 갈아치우면 되는 조직'이어서는 회사를 경영하는 의미가 없다고 판단했다. 생각이 거기까지 미치자 광양기업의 직원들을 광양제철소에서 일하는 전문가들처럼 교육시키고, 더 이상 산업재해에 시달리지 않도록 만들어야겠다고 마음먹게 되었다고 한다.

바로 그때가 내가 광양제철소의 제선부장으로 부임한 시기였다. 우연인지 필연인지 나는 황 사장과 의기투합해 한 배를 탔다. 쇳물이 튀기는 제철 현장에서 안전이라는 이름으로 굳게 손을 잡은 것이다. 나는 그에게 직원 사랑 운동으로 안전을 제대로 관리해 보자고 권유하였다. 광양기업은 열심히 따라와 주었다. 그 결과가 '무재해 일터'로 자리매김한 오늘의 모습이다.

Owner부터 시작된 안전 Felt–Leadership

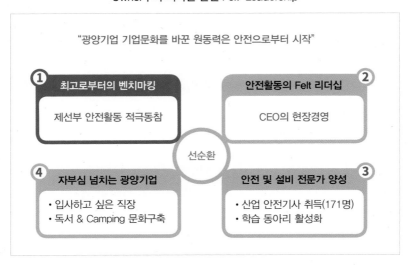

"광양기업 기업문화를 바꾼 원동력은 안전으로부터 시작"

① 최고로부터의 벤치마킹
제선부 안전활동 적극동참

② 안전활동의 Felt 리더십
CEO의 현장경영

선순환

④ 자부심 넘치는 광양기업
• 입사하고 싶은 직장
• 독서 & Camping 문화구축

③ 안전 및 설비 전문가 양성
• 산업 안전기사 취득(171명)
• 학습 동아리 활성화

학습조직으로 자존감을 높여라

"처음 광양에서 사업을 한다고 했을 때, 직원들은 말 그대로 '환경 미화원 아줌마, 낙광 처리하는 단순 작업자'가 대부분이었습니다. 작업복 차림으로 밖에 나가게 되면 너무 창피했다고 하더군요. 하지만 저는 아무리 단순 노무직이라 해도 시간과 경험, 그리고 학습이 쌓이면 전문직이 될 수 있고, 그 분야의 '선수'로 인정받을 수 있다고 믿었습니다."

황 사장과 내가 겪어온 시간은 그야말로 괄목상대刮目相對의 연속이었다. 지역사회에서조차 존재감이 미미하던 기업을 완전히 바꿔 놓았다. 먼저 광양제철소 제선부의 SAO*Safety Acts Observation*를 직원 전체에게 체질화시켰다. 안전 활동인 SAO를 노무 관리에 연계하여 상호 존중과 감사의 마음으로 승화시키는 변화 관리를 추진한 것이다. 날마다 SAO 대상 직원들의 안전한 행동에 대한 칭찬 내용을 파악하고, 일상생활과 관련된 허심탄회한 대화를 주고받았다. 관리 감독자를 해당 직원들의 멘토로 지정해 꾸준히 신뢰를 다져 나갔다. 그러자 광양기업의 직원들이 스스로 의지를 보였다. '생계 때문에 집안일을 박차고 돈을 벌러 나온 입장이지만, 나도 노력해 자격증을 따서 자식에게 떳떳한 엄마가 되겠다'는 마음이었다. 처음엔 아이들 학원비나 벌어볼까 해서 들어온 신입사원들이 대부분이었다. 그러나 광양기업 자체 내의 이론과 실무 등 소정의 교육을 거치게 되면서 자아실현을 향한 확실한 동기부여를 받게 되었다.

포스코가 추진하는 감사·행복 나눔 활동과 함께 황 사장은 학습동아리*CoP, Community of Practice*를 만들어 직원 개인의 발전은 물론 회사의 경쟁력을 높였다. 처음에는 반발이 적지 않았다. "조심해서 작업하면 됐지, 더 이상 뭘 바라는 것은 오버 아냐?" 하는 볼멘소리가 나왔다. 직원 안전이 제일이라 확신했던 황 사장은 "더 이상 작업 현장에서 다치는 사람이 나온다면, 광양기업 문을 닫을 것이다."라고 배수진을 치고 직원들을 설득했다.

직원들과 함께 현장을 돌며, 일일이 안전한 작업 환경과 그렇지 못한 상황을 직접 설명했다. 근로 현장에 낙상, 화상, 낙하물에 의한 사고, 화학물질에 의한 질식, 피부 손상 등 곳곳이 다 위험 요소임을 알렸다. 아울러 그런 위험을 방지할 수 있는 방법을 가르쳐 줬다. 거기에 그치지 않고 안전을 철저히 지킨 직원들에게는 포상도 아끼지 않았다. 기업 대표가 이렇게까지 공을 들이자 직원들 생각이 조금씩 바뀌었다. '우리가 돈 벌러 왔지, 몸을 다치면 우리만 손해 아닌가? 차라리 안전 수칙과 안전한 작업 방법을 익혀서 산업재해는 당하지 말자.' 마침내 황 사장의 진심이 직원들에게 전해졌고 그 다음부터는 근로 현장에서 자발적이고 적극적인 참여가 시작되었다.

직원들의 근로 의욕이 높아지자 안전성과 작업 품질 향상이 뒤따라왔다. 포스코와의 신뢰 관계 속에서 업무 범위를 점차 확대해 나갔다. 생산 과정에서 생기는 낙광을 치우는 단순 작업뿐이었던 광양기업이 치우는 작업뿐 아니라 낙광 발생 자체를 예방하는 작업까지 도맡게 되었다. 근로자의 자존감이 높아지니 '낙광이 떨어지지 않도록 하려면 어떻게 해야 하는가'라는 인식을 가지고 환경을 관리할 수 있게 된 것이었다. 예전에는 위험 요소를 알지 못하거나 보고도 방치했다면, 이제는 위험 요소를 찾아내고 개선하는 의식 전환이 이루어졌다. 매년 사망 재해가 끊이지 않던, 수동적인 업무만을 하던 회사가 학습동아리 활동과 안전 교육의 힘으로 능동적으로 업무를 발굴해내는 회사로 변모한 것이다.

안전 없이는 작업할 수 없다

철저한 안전 의식으로 무장된 리더, 황재우 사장이 실천하는 안전 관리 원칙을 살펴보자. 첫째, 안전이 확보되지 않은 상태에서는 어떠한 작업도 수행해서는 안 된다는 것. 둘째, 전 직원을 안전 전문가로 양성한다는 것. 셋째, 최고의 안전 관리 활동이 최상의 노무 관리 활동이라는 점이다. 안전을 아는 만큼 지도하고 실천할 수 있다는 생각에서다. 그는 모든 관리 감독자에게 사장이 직접 구매한 산업안전보건법령집을 지급하고 끊임없는 학습을 독려한다. 현장에서 소속 직원들이 안전한 작업을 수행할 수 있도록 길 안내자의 역할을 하도록 하는 셈이다. 또한 현장에서 3~4명 이상이 조를 이루어 실시하는 작업 단위에는 반드시 산업안전 자격 취득자 1명을 포함하여 리더로 선임한 뒤, 동료 직원들이 안전하게 작업할 수 있도록 관리하고 있다.

다른 기업에는 없는 광양기업만의 대표적 일화가 두 가지 있다. 하나는 광양기업의 안전 관리 첫 번째 원칙인 '안전이 확보되지 않은

상태에서는 어떠한 작업도 수행해서는 안 된다'는 것에 관한 이야기
다. 만일 작업장에서 상사의 불안전한 작업 명령이 있을 때, 이에 대
한 작업을 거부한 직원에게는 창업 이래 최고의 포상을 하겠다는 황
사장의 공개 약속이 지켜진 사례다.

"처음에는 말이 안 된다고 생각했죠. 어떻게 상사가 작업하라고
했는데 거부할 수가 있겠습니까? 그런데 그날 유난히 평소에는 그렇
지 않았던 상사가 화를 냈어요. 안전이 확보되지 않은 상태에서 일을
시키는 거예요. 그래서 맨 처음에는 '안 됩니다, 안전 조치를 한 다음

*작업거부가 만든 최고의 포상!

에 작업을 해야 합니다'라며 설득하려 했어요. 그런데 자꾸 성을 내면서까지 작업 명령을 하는 거예요. 하지만 당시 제 생각으로는 상부의 낙하물에 의해 사고가 날 위험이 컸어요. 이건 아니다 싶어서 공식적으로 작업 거부를 했습니다. 사장님께서는 약속하신 대로 창사 이래 최고의 포상과 더불어 1호봉의 특별승호를 저와 동료 직원에게 선물하셨습니다. 나중에 그 상사가 그러더군요. 그때 안 좋은 집안 일 때문에 예민한 상태에서 그랬는데, 작업 거부를 잘 했다고요. 만일 작업을 했다가 사고라도 났으면 어떻게 했겠냐면서요. 실제로 그 작업 거부 사건 이후 약 8개월 뒤에, 인근 회사에서 유사한 위험이 내재된 작업을 수행하던 중에 작업자가 매몰되어 사망하는 사고가 발생했어요." 최초 포상을 받은 광양기업 직원의 회고다.

또 다른 하나는 생활에서도 안전을 강조하는 황 사장의 지론에 대한 얘기이다. 심지어 직원들 회식 장소를 잡을 때조차 출입구가 하나만 있는 식당은 거의 이용하지 않는다. 앞서 언급한 것처럼 이용하더라도 유사시 대응 방안을 반드시 가르쳐 준다. 삶에서 안전을 몸소 실천하는 그만의 철칙이다.

안전을 위한 작업 표준화

내가 본 황 사장은 안전 교육이나 훈련보다 더 중요한 것으로 직원들 건강을 든다. 기업 경영 활동에서 인간을 존중하는 안전 보건이 가장 중요하다고 생각하고 있는 것이다. 그래서 광양기업은 직업병 예방을 위해 전 직원을 4등급으로 분류해서 관찰하고 교육하는 과정을 마련해 놓았다. 일례로 광양제철소 배수로 작업 같은 단순작업의 기계화 추진에 적극 부응하여 많은 특장차를 보유하게 되었는데, 고가의 장비를 효율적으로 운영하기 위해 운전하는 직원의 바이오리듬을 관리하고 있다. 신체-감성-지성 리듬 중에서 나쁜 리듬이 2개 이상 겹치는 날에 해당되는 직원에게는 작업에 들어가기 전에 반드시 안전 교육을 시킨다. 차량 앞 유리에는 이른바 바이오 패찰을 붙이도록 해 자신을 관리하도록 하는 것은 기본이다.

위험 작업 허가제도도 시행 중이다. 예를 들어 유독물을 취급할 때처럼 대형 사고가 발생할 수 있는 위험 작업의 경우 반드시 허가를 받아야 작업할 수 있도록 만든 제도이다. 위험 작업을 하루 이상 할 경우 해당부서는 위험 작업 허가서 2부를 작성해야 한다. 또 작업에 들어가기 사흘 전에는 위험 요인을 찾아 대책을 마련하고 안전 관리자가 입회한 가운데 작업을 할 수 있게 했다. 이 위험 작업 허가서의 최종 결재권자는 사장이다. 최고경영자가 안전사고 예방에 얼마나 신경 쓰고 있는지를 보여주는 사례다.

더 나아가 광양기업에서는 안전에 대한 작업 표준을 과도하리만큼 만들어 놓고 있다. 교대 작업 관리, 정화조 청소 작업 관리 등 업무마다 지켜야 할 작업 표준이 140건이다. 작업마다 하나씩 위험성을 따로 분류했는데, 그것을 A-B-C-D 4등급으로 나눠 관리하고 있다. 직원들은 당연히 모두 업무 표준을 익혀야 한다. 새로운 장비가 들어오면, 해당 작업 부서와 정비팀, 안전팀이 합동으로 위험성을 평가하고, 작업 표준을 만든 뒤 작업에 투입한다. 처음부터 끝까지 안전에 맞는 작업 표준이 적용된다는 것이다.

"원래 하는 일은 환경 정리와 같은 단순직인데, 일을 제대로 하려면 직원들이 어떻게 해야겠습니까? 전문가가 돼야 하는 겁니다. 왜 이런 표준을 만드는지, 무엇이 위험한지 이해해야지만 작업에 들어가는 것이죠. 그래서 저는 이런 안전 작업 표준만 갖고도 직원들을 교육시켜서 안전 전문가로 만들 수 있게 된 것입니다. 단순 노동에 그치는 게 아니라 직원들에게 자율성을 주고, 작업 표준을 줄줄이 꿸 수 있게 만듭니다. 그러면 중요한 업무를 담당하는 프로페셔널 경력을 쌓게 할 수 있지요. 그것을 위해 가장 먼저 표준화가 이뤄져야 합니다." 황 사장의 말이다.

우리 아빠가 달라졌어요

황재우 사장의 직원 챙기기는 광양 지역에 소문이 났다. 그래서 광양기업은 3D 업종이라는 인식을 벗고, 향토 기업 중 가장 가고 싶어 하는 기업으로 거듭났다. 지역의 유망 업체로 지역사회에 이익을 환원하는 사회 공헌 기업으로 자리 잡았다. 광양기업은 기본적으로 지역과 함께하는 회사다. 광양시에서 추진하는 1사 1공원 가꾸기 운동의 일환으로 광영동 도촌마을 입구 쌈지공원을 조성해 지역민과 기쁨을 나눴다. 직원들은 자발적으로 '사랑 나누기 봉사단'을 만들어 소외되고 외로운 독거노인, 장애우, 한 부모 가정에 연탄 나누기, 김장 나누기, 반찬 나누기 등을 펼치고 있다. 광양기업이 지역 대표 기업으로 성장할 수 있었던 요인은 리더의 열정과 직원들의 진심 어린 호응, 그리고 끊임없는 배움으로 요약할 수 있다. 황 사장이 밤잠을 줄여 가며 회사와 직원들을 위해 지새운 날들을 나는 잘 안다. 리더가 솔선수범하는 펠트 리더십 특유의 긍정성이 기업을 바꾸고 지역 사회에도 온기를 불어 넣고 있는 현장이다.

광양기업은 전 직원을 안전 전문가로 키우기 위해 매년 1인당 120시간 이상씩 산업안전기사 자격 취득을 위한 교육을 실시한다. 현재까지 모두 170여 명의 안전 전문가를 양성했다. 이를 통해 동종 업계 전국 최고 기록인 1993년 7월 이후 무재해 27배수를 달성하는 등 높은 안전 수준을 보이고 있다. 사실 광양기업은 초창기 작업 분야가 3D 업종이었으며 대부분의 직원들이 고령이고 학습 능력의 경험도 타 협력사에 비해 열악한 수준이었다. 또한 여직원들의 환경 미화 작업도 거의 지역민들의 부업 정도로 여겨졌으며 생계형으로 운영될 따름이었다.

그러나 '안전과 긍정'의 펠트 리더십이 뿌리내린 현재의 광양기업에는 171명의 산업안전기사, 87명의 기계정비산업기사가 종사하고 있다. 570여 명 직원 중 거의 절반에 육박하는 숫자다. 산업기사 자격을 갖춘 직원들이 각각의 작업 과정을 주도하므로 위험 잠재 요인을 미리 파악해서 대응하고 개선할 수가 있다. 인당 월 2건 이상씩은 개선 활동을 추진해 능력을 배양한다. 임금은 결코 많지 않지만 능동적인 업무 과정 속에서 자존감을 키우고 일하는 재미를 느끼게 되는 것이다. 무엇보다도 이들의 회사에 대한 자부심이 광양기업의 큰 버팀목이 되고 있다. 이 같은 열매는 황 사장이 뿌려 놓은 건강한 씨앗이 있었기 때문이라고 해도 과언이 아니다.

나는 황 사장에게 광양제철소장 당시 포스코 현장에 불었던 기계정비산업기사 자격증 취득 열풍을 여러 번 설명해 줬다. 직원이 능동적으로 참여하는 학습동아리*CoP*가 가동되면 기업의 분위기가 일거에 바뀐다는 이야기였다. 학력이나 경제 수준이 낮다 보니 광양기업 직원들은 대다수가 컴퓨터를 처음 접한 '컴맹'이었다. 생계에 치이다 보니 심지어 컴퓨터를 어떻게 켜고 끄는지조차 모르는 직원들도 많을 정도였다. 이런 열악한 여건이었지만 황 사장은 끊임없는 사내 교육을 추진하면서 직원들이 가정에서 컴퓨터를 사용할 수 있도록 만들었다. 회사의 전폭적인 교육 지원과 함께 직원끼리도 업무 학습에 불이 붙었고, 나이 든 직원들은 퇴근 후 집에 가서 아들딸에게 졸라가며 컴퓨터를 배우고 자격증 공부에 매달렸다. 나중에는 자녀들도 큰 보람을 느꼈다. 집에 와서는 피곤하다는 이유로 바닥에 누워만 있던 아빠가 온라인 학습동아리 사이트에서 게시물에 댓글을 달며 직원들과 업무 지식을 공유하는 모습이 자라나는 학생들에게도 본보기가 되었다. 포스코발※ 학습 열풍이 광양기업에도 시차를 두고 번진 셈이다.

독서 문화, 안전 기업의 자부심

황 사장은 안전에 대한 교육과 함께 평소 책 읽기를 생활화할 것

안전한 일터가 행복한 세상을 만든다

을 권장했다. 한 권이라도 책을 읽고 독후감을 내도록 했다. 책 내용을 그냥 단순히 요약하는 것이 아니라, 그 책의 내용 가운데 자신에게 의미 있다고 생각하는 것을 세련된 방식은 아니더라도 되새겨 보고, 본인 삶에 적용할 수 있는 것은 실천해 보라고 용기를 북돋았다. 독서 생활화는 전 직원을 자발적 학습자로 변화시켰다. 여직원이 대부분인 광양기업에서 산업안전기사에 도전하는 일이 당연하게 보일 정도로 학습이 체화된 조직으로 변모한 것이다. 폭넓은 독서는 차분한 마음을 갖게 할 뿐 아니라 상황 판단과 대응 능력을 높여 다양한 안전 정보를 갖추도록 돕는다. 머리가 깨어나니 주체적으로 사고하고, 능동적으로 실천할 수 있게 된다. 궁극적으로 개인의 안전은 물론 조직 전체의 안전 수준과 경쟁력을 제고하는 활동이 독서다.

광양기업의 독서 경영 학습은 정부 시책에 의한 지원으로 더욱 내실화되었다. 고용노동부에서 중소기업의 지원을 위해 온라인On-line으로 실시하는 독서 학습 비용에 대하여 환급해 주는 제도를 적극적으로 활용한다. 그래서 이를 매년 3회에 걸쳐 빠짐없이 시행하고 있다. 책을 읽고 자기 것으로 만들면 근로자 개인에게도 발전이 되고, 직원 역량이 높아지니 회사에도 기여하게 된다는 황재우 사장의 신조가 별도의 추가 비용 없이도 국가의 제도적 지원책을 통해 실현되고 있는 셈이다.

독서 문화의 분위기는 회사 안에서뿐만 아니라 가정에도 영향을 미치게 되었다. 한 직원의 자녀는 "잦은 술 약속을 이유로 집에서 마주치기 힘들던 아빠였는데, 어느 순간부터 집에서 책을 읽고 계셨어요. 나에게 질문도 하기 시작했고 그걸 계기로 대화가 많아져서 너무 좋아요."라며 독서가 바꿔 놓은 부모의 자상한 모습을 마음에 들어했다. 이 직원은 "회사에서 권한대로 짬짬이 책을 읽었더니 나 자신의 삶을 되돌아보고 미래를 설계할 수 있게 되어서 인생이 즐거워졌다."라고 말한다. 이렇듯 광양기업의 독서하는 습관과 자격 취득을 위한 학습 분위기가 자연스럽게 자녀들에게도 느껴지니 건설적인 가족 분위기 형성에도 도움이 되고 있다.

CEO-직원-가정-지역사회가 함께 웃는다

황재우 사장에게 직원들은 무한한 신뢰와 애정, 그리고 존경을 가감 없이 보낸다. 사장실에 가득한 색연필로 그린 그림카드가 있는가 하면 CEO를 향한 직원들의 감사 손글씨가 8폭짜리 병풍에 빼곡하게 적혀 있다. 내가 태어나서 처음 본, 그리고 앞으로도 볼 수 없을 값진 손글씨 병풍이라 부럽기만 하다. 황 사장이 만들어놓은 광양기업의 경쟁력은 CEO-직원-가정-지역사회로 이어지는 선순환 구조에서 비롯되었다.

CEO-직원 간 신뢰와 소통은 회사를 안전 경영으로 바꿨다. 게다가 가정까지 '행복 모드'로 전환했다. 광양기업 고유의 캠핑 문화는 회사와 가정이 하나라는 의미를 확산시켰다. 금연을 결심한 황 사장에게 내가 선물한 '금연 상패' 해프닝 이후, 황 사장은 2013년 4월 금연에 성공한 직원들에게 캠핑 용품을 지급했다. 이로써 시작된 광양기업 캠핑 문화는 회사 차원에서 적극적으로 전파되었다. 직원과 가

안전한 일터가 행복한 세상을 만든다

족 입장에서 자연과 함께 어울리는 캠핑은 단순히 체육대회나 회식으로 끝나는 행사가 아니었다.

2013년 6월 5일, 1박 2일간 광양시 태인동 배알도에서 '전 직원 감사 나눔 캠핑 데이'를 가졌다. 지난 2012년부터 전 직원이 자율적인 금연 운동에 동참, 640명의 직원 모두가 완전 금연에 성공한 것을 축하하는 자리였다. 이날은 캠핑만 한 게 아니었다. 자발적으로 금연에 동참한 모든 직원에게 감사하는 뜻으로 행사를 마련했다. "이 자리가 우리 회사를 더욱 사랑하고 또 서로를 깊이 알아가는 진정한 소통의 시간이 되길 바란다."라며 황 사장이 소감을 밝히자 직원들의 박수가 터져 나왔다.

2013년 3월부터는 160여 명의 흡연자를 보건소 이동금연클리닉에

광양기업의 금연활동은 어떻게 시작되었을까?

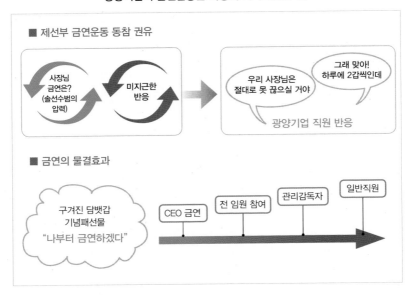

등록해 7개월 동안 금연 서비스를 받았다. 니코틴 잔류 검사^{소변 검사} 결과, 640여 명 전 직원이 금연에 성공한 것으로 나타나, 10월 광양시 보건소로부터 '사업장 금연 인증서'를 받았다. CEO와 직원 간 주기적 간담회, 동료 직원 간 멘토링제 운영 등 감성적인 금연 소통 활동을 실시한 데 힘입어 '근로자의 건강이 회사의 경쟁력이다'라는 슬로건으로 사업장 금연을 공식적으로 인증한 것이다. 당시 전 직원 금연이라는 타이틀 아래 '할 수 있을까'를 '해냈다'로 바꿔 버린 조직 구성원의 성취감은 대단했다.

대통령도 칭찬한 광양기업

2012년 6월 11일 이명박 대통령은 '92차 라디오 연설'을 통해 광양기업을 안전 기업의 본보기로 칭찬하면서 소개했다. 어린이날이던 2012년 5월 5일 밤 8시 50분쯤 부산 진구 부전동의 한 노래주점에서 불이 나, 9명이 사망하고 25명이 다친 사건을 되돌아보며 광양기업의 안전 경영을 모범 사례로 거론한 것이다.

…산업재해를 막는 데는 최고경영자의 높은 안전의식도 매우 중요합니다. 지난 19년간 무재해를 기록 중인 광양기업 황재우 대표 이야기입니다. "제가 최고경영자로 실천하는 안전관리 활동이 몇 가지 있는데요. 안전이 확보되지 않은 상태에서는 어떠한 작업도 수행해서는 안 된다는 것,

안전한 일터가 행복한 세상을 만든다

전 직원을 안전전문가로 양성한다는 것, 최고의 안전관리활동이 최고의 노무관리활동이라는 점입니다."

광양기업은 직원들 회식 장소를 잡을 때조차 출입구가 하나만 있는 식당은 이용하지 않는다고 합니다. 매년 120시간 이상 안전 부문 교육을 실시해서, 직원 600여 명 가운데 안전자격을 취득한 사람이 200명 가까이나 됐습니다. 광양기업 사례가 보다 널리 확산되면 좋겠습니다.

– 이명박 대통령의 라디오 연설(2012. 6. 11.) 中

당시 화재는 주점 출입구와 가까운 방에서 발생했다. 주점에 방이 26개나 되는 등 내부 구조가 복잡한 데다 연기가 순식간에 퍼져 나갔다. 주점 안의 손님 30여 명이 출입구를 찾지 못해 피해가 커진 것으로 파악됐다. 이에 더해 비상구로 향하는 문이 닫혀 있어 주출입구와 먼 곳에 있던 손님들이 쉽게 외부로 탈출하지 못한 것으로 전해졌다.

안타까운 사고가 아닐 수 없다. 비상구의 위치를 사전에 확인했다면 피해는 훨씬 줄었을 것이다. 만일 손님들이 광양기업 직원들이었다면 어땠을까. 광양기업의 회식이었다면 몸에 밴 것처럼 출입구로 향한 동선을 먼저 파악했을 것이다. 또한 소화기의 위치도 눈여겨봤을 것이다. 화재가 났을 때 어떻게 대피해야 할지 100% 숙지하고 있었을 것이다. 우리 사회는 안전에 대한 기본 사항조차 지키지 않고 있다. 그래서 오늘도 사고가 발생한다. 내일도 대형 사고의 가능성을 배제하지는 못할 것이다. 빈틈없는 안전 시스템으로 무재해 기록을 달성한 광양기업의 사례를 본보기로 삼아야 하는 까닭이다.

1993년 7월 이후 만 23년간 무재해를 달성하며 경이로운 기록 행진을 이어가던 광양기업에, 2016년 10월 참으로 안타까운 사고가 발생했다. 광양국가산단 원료부두에서 컨베이어벨트 작업 중이던 광양기업 근로자 1명이 사망한 것이다. 대한민국 최고의 안전 기업으로 인정받는 광양기업이었기에 사고를 접한 직원들의 충격은 이루 말할 수 없었다. 근로자의 희생을 막지 못했다는 엄중한 책임감을 느끼며, 황재우 사장은 직원들에게 다음과 같은 메시지를 전했다. "현실에 안주한 자만自慢 탓에 직원이 희생된 것 같아 사장으로서 깊이 반성합니다. 아픈 상처를 싸매고, 기본으로 돌아갑시다. 원점에서 다시 출발합시다. 광양기업의 안전 신화는 지금부터 다시 시작되어야 합니다."

이미 벌어진 안전사고는 되돌릴 수 없다. 중요한 점은 앞으로는 그러한 사고가 없어야 한다는 사실 아니겠는가. 따라서 산업 현장의 재해와 같이 예기치 못한 위기가 발생했을 때 기업의 리더는 위기가 불러온 에너지를 관리하며 위기를 기회로 변모시키는 소통의 힘을 드러내야 한다. 황재우 사장은 위기 상황을 제대로 판단했고 시기적절한 대응을 통해 안전 리더십을 발휘했다. 이에 화답하며 광양기업 직원들 역시 자만했던 자신의 모습을 돌아보고, 무재해 일터 조성에 대한 결의를 새롭게 다짐할 수 있었다.

광양기업에는 조직을 감싸는 상호 신뢰의 가치가 있다. 그렇기에 CEO에 대한 직원들의 믿음, 직원들의 변화와 노력에 대한 황 사장

안전한 일터가 행복한 세상을 만든다

의 믿음은 시너지 효과를 불러일으킬 수 있는 것이다. 직원들은 단순 근로자에서 지식 근로자로 성장하는 보람을 느꼈고, 광양기업은 그들의 노력으로 광양 지역뿐 아니라 대한민국에서 손꼽히는 산업안전 전문 기업으로 우뚝 섰다. 이제 이런 성과를 바탕으로 광양 지역뿐 아니라 전국에 안전 문화를 전파하도록 하는 일이 광양기업의 다음 과제로 떠오르고 있다.

우리는 흔히 열심히 달려가면 목표점에 도달할 것이라고 착각한다. 열심히 뛰는 것도 중요하지만, 올바른 방향으로 뛰는 것이 더욱 중요하다. 그 방향을 제시하고 구성원의 동의를 얻어 내는 것이 기업 경영자 역할이다. 이런 측면에서 성공한 리더로 평가받는 황재우 사장의 펠트 리더십은 참고해 볼 가치가 충분하다.

불가능을 가능으로 만들어 버린 광양기업

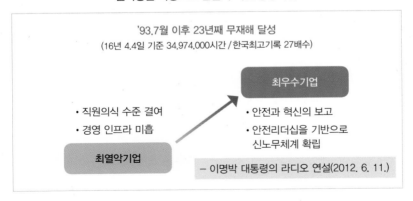

안전만
챙기세요
- 조선내화

인간 중심 경영으로 이룬 안전 문화

"안전만 챙기면 다 됩니다. 대신 직원들이 느끼도록 진심으로 하십시오."

2003년 조선내화 김완기 사장에게서 조언을 해달라는 부탁을 받고 이렇게 답했다. 당시 광양제철소 생산 부소장으로 있던 나에게, 자신은 조직에서 줄곧 마케팅만 담당해 왔기 때문에 신임 사장으로서 무엇부터 해야 할지 모르겠다며 도움을 요청해 왔다. 연배로는 내가 아래였지만 계장 시절부터 친하게 지내온 인연으로 주저함 없이 마음에 있는 이야기를 하였다. 얼마 후 그는 CEO 취임사를 통해 선대 회장님으로부터 이어온 '인간 중심 경영'을 최우선으로 삼아 '안전 문화'를 정착해 갈 것임을 선언했다. 향후 생산성 향상이나 품질 관리에 앞서 안전을 챙기겠다는 의지를 피력한 것이었다.

직원들의 의식을 바꾸는 것이 가장 어려웠고…

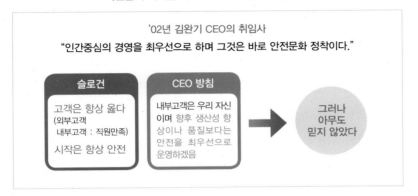

'02년 김완기 CEO의 취임사
"인간중심의 경영을 최우선으로 하며 그것은 바로 안전문화 정착이다."

슬로건	CEO 방침	
고객은 항상 옳다 (외부고객 내부고객 : 직원만족) 시작은 항상 안전	내부고객은 우리 자신 이며 향후 생산성 향 상이나 품질보다는 안전을 최우선으로 운영하겠음	그러나 아무도 믿지 않았다

조선내화는 故 성옥 이훈동 창업주가 1947년 5월 설립하여 1974년 부터 내화물 공급을 통해 포스코의 성장과 함께해 온 포스코의 핵심 파트너사다. 특히 창업주부터 오늘날까지 사람을 중시하는 인간존중의 한 우물 경영으로 소문난 내실 있는 국내 대표적인 중견기업이다. 또한 가족 같은 기업 문화 속에 신뢰를 바탕으로 오랫동안 사원 출신 전문 경영인을 중심으로 하여 책임경영의 맥을 이어가고 있다. 산업의 쌀인 제철, 제강 및 시멘트 등 기간산업의 필수 자재로서 고온에서 견뎌내는 내화물을 생산하는 기업으로 '제조업의 버팀목'이라는 별명까지 가지고 있다. 현재 국내 내화물 99% 이상을 국산화했고, 중국 현지와 합작회사를 설립해 운영하고 있으며 인도네시아에도 진출해 있다. 일반인에게 생소하겠지만, 세계 시장에서 고로용 내화물 품질을 인정받은 조선내화는 제철소의 심장인 용광로를 시작으로 제강, 시멘트, 유리, 열병합발전소 등 다양한 곳에 쓰이는 제품을 만들

고 있다. 1,500℃의 용광로에 들어가는 벽돌을 만드는 조선내화에게 생산 과정에서의 안전은 필수불가결한 요소였다. 내화물은 용광로를 만드는 용광로의 어머니다. 제품을 만들 때에도, 직원들을 대할 때에도 어머니의 마음을 떠올려야 한다는 것이 김 사장의 신조였다. 직원을 우선하는 자세로 김 사장은 현장에서 안전 법규를 준수하는 것이 기본 중 기본이라고 강조했다.

하지만 당시 조선내화는 전통적으로 노사 관계가 좋았음에도, 안전에 대해서는 확실하게 정착되지 않았다. 사업장이 광양과 포항으로 분리돼 있어서 집중적인 안전관리가 힘들었고, 무엇보다도 '산업재해는 어차피 발생한다'는 일종의 고정관념에 빠져 있었다. 그러다 보니 1년에 평균 3.7건이나 산재가 발생하는 등 직원들은 늘 위험한 작업환경에 노출돼 있는 상황이었다.

사장 취임 후 내내 안전 문화 정착을 위해 직원들 귀에 못이 박히도록 안전을 강조했다. 그러나 처음에는 으레 하는 얘기라 여겨 회사 안팎에서 김 사장의 말을 믿지 않았다. 직원들의 의식을 바꾸는 일이 가장 어려웠다. 산재를 변하지 않는 상수常數로 여기며 체념해 온 분위기가 워낙 강했다. 그러니 무재해에 대한 확신이나 무재해를 위한 남다른 노력을 찾을 수 있는 상황이 아니었다. 불을 다루는 기업이라 언제 어디서나 위험이 도사렸다. 근로자 입장에서는 일이 몰려들어 물량을 소화해 내려면 무리수를 두게 되는 게 현실이었다. 생산을 빨리, 많이 하라고 압박하는 통에 안전이 뒷전에 놓일 수밖에 없던 것이다.

안전한 일터가 행복한 세상을 만든다

이러한 분위기 파악 후 직원들을 설득하며 안전 문화 정책을 꾸준히 실천하는 정공법을 택했다. 그는 철강 기술만큼 중요한 게 내화물 기술이라 생각했다. 조선내화의 생산 라인이 안전하지 않으면, 우리나라 철강 라인도 안전하지 않다는 논리였다. 생산 라인에 조그마한 이상이라도 생기면 무조건 작업을 중지시키라는 지시를 내렸다. 일단 멈추고, 대책을 마련한 다음 작업을 재개하라는 것이었다. 사장에게는 무엇보다 직원의 안전이 중요했다. 작업 현장에 어떠한 일이 생기면 반드시 CEO가 직접 확인하고 직원들과 정보를 하나도 숨김 없이 공유하고자 했다.

직원을 소중히 대하는 펠트 리더십

김완기 사장은 직원들을 회사 구성원이자 고객이라 여겼다. 마케팅에서 잔뼈가 굵은 인물답게 '직원들도 고객이다'를 슬로건으로 삼아, '고객은 항상 옳다'는 말을 되뇌었다. 그런 내부 고객의 안전을 위해 '시작은 언제나 안전'을 추구했다. 이 같은 인간 중심 경영은 안전 문화의 자연스러운 정착으로 이어졌으며, 무재해 사업장이라는 성과를 낳게 되었다.

"처음에는 좀 당황했습니다. 큰 사고는 아니었기 때문에 자체적으로 직원 응급조치만 하면 작업에 바로 다시 들어갈 수 있는 상황이었죠. 그런데 사장실에서 사고 소식을 접하고, 즉각 사고 현장으로 달려오셨어요. 그리고 직원 응급조치 과정을 지켜본 이후 병원으로 이송되는 것을 확인한 다음 사고 원인 분석, 사후 재발 방지 대책, 직원 안전 교육 재실시, 사고 직원 사후 관리 등 관계자들의 사후 대책이 나올 때까지 작업 재개를 허락하지 않으셨습니다. 그렇게까지 하지 않으셔도 되는 일이었지만 당신께서 선언한 내용을 반드시 지켜야겠다는 의지를 보여준 일련의 사례라고 할 수 있습니다." 당시 조선내화 안전 관리자였던 직원의 말이다.

사고의 경중輕重은 무의미했다. 가벼운 사고도 사고이고, 큰 사고도 사고이기 때문이다. 안전 문화가 전 작업 현장에 배기도 전이므로 사고를 경중으로 따져서 작업 재개를 시키고 안 시키고를 결정할 문제가 아니다. 그 어떤 사고가 생기더라도 그에 대해 작업자들은 물론 관리자들이 사고 발생 자체를 심각하게 받아들여야 한다는 뜻이다. 따라서 일단 사고가 발생할 경우 '라인 스톱→대책 강구→작업 재개'라는 가장 기본적인 안전 시스템의 흐름을 거쳐야 한다고 보았다. CEO로서 그 과정을 직접 확인했고, 그에 대한 모든 정보를 직원들과 공유했다. 그가 자신의 말을 지킨 이유는 그것이 안전 문화 정착의 첫걸음이기 때문이었다.

리더의 진정성 어린 펠트 리더십이 서서히 빛을 발하기 시작했다. 이번엔 사내에서 자발적으로 안전 표어 공모에 참여하는 기회를 만들었다. 단순한 표어 공모가 아니라, 조직 구성원이 안전이란 가치에 대해 다시 한 번 돌아볼 수 있는 시간을 부여했다는 것이다. 개인

안전한 일터가 행복한 세상을 만든다

적인 공모뿐 아니라 팀별 공모를 권장해 팀원 모두가 자신이 속한 팀은 물론 회사 전체의 안전에 대해 생각해 볼 수 있도록 했다. 긍정적인 경쟁 심리가 작동했는지 부서마다 높은 호응을 보였다. 아울러 시상과 함께 직원들이 지은 표어를 공장 곳곳에 붙여 작업 현장에서 늘 볼 수 있도록 조치했다. '안전제일'의 가치를 펠트 리더십이라는 온화한 그릇에 담아 낸 것이다.

회사 주도의 안전 문화 정착 노력과 함께, 직원들의 자발적 안전 문화 조성 참여도 조선내화가 무재해 현장을 이루는 데 크게 공헌했다. 일선 근로자의 제언을 받아들여 권위주의 냄새가 풍기는 '안전 관리자'라는 용어를 긍정적 어감의 '안전 지킴이'로 바꿨다. 안전 관리자라는 느낌은 왠지 강한 규제의 느낌이 들고 직원들을 감시 대상자로만 여기는 것 같다는 구성원들의 지적을 수용했다. 직원을 소중히 여기는 김 사장의 펠트 리더십이 바꿔 놓은 조직 분위기가 아니었다면 없었을 성공 사례다.

노사 화합의 하모니

조선내화에 안전 문화가 확산돼 뿌리내리기 시작한 것은 CEO의 안전에 대한 확고한 신념에 노동조합이 기꺼이 호응하여 노사가 함께 하였기 때문이기도 하다. 회사의 진정성과 지속성이 노조의 협조를 이끌어 냈고, 약속의 실천으로 전 직원의 신뢰감을 얻을 수 있었다.

진정성과 지속성은 노동조합의 협조를 이끌어 내고

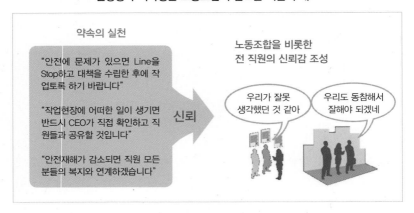

조선내화 노조를 살펴보면 1988년 처음 설립된 노조는 90년대 격변기를 거치며 2000년 초부터 무교섭 문화를 이어 오고 있다. 물론 사측도 직원들을 회사 발전의 동반자로 여기는 전통을 지켜 왔다. 예를 들어 조선내화에서는 인사발령에 앞서 인사 원칙이나 배경을 노조와 당사자에게 자세히 설명해 준다. 정기적인 경영 설명회 및 노사 워크숍도 무분규 위업 달성과 관련이 있다. 이 자리에서 직원들이 궁금해하는 회사경영 사정을 빠짐없이, 낱낱이 알려주기 때문이다. 그러니 '17년 연속' 무교섭 임금 및 단체협상 타결이라는, 다른 기업체에서는 상상도 할 수 없는 노사 화합 문화가 조선내화에서 좋은 전통으로 이어져 오고 있는 것이다.

이 회사 황인석 노조위원장은 "직원들을 진정으로 아끼고 노동조합을 인정해주며 무한한 신뢰를 주시는 오너와 주인정신으로 무장한 직원들이 있었기에 소모적인 노사 분쟁은 있을 수가 없었다."라고 회상했다. 김 사장도 재직 당시 "70년 이어진 무분규가 우리 회사의

안전한 일터가 행복한 세상을 만든다

트레이드 마크"라며 자랑스러워했던 기억이 난다. 이 같은 흐름 속에서 조선내화는 2012년 12월 노사상생 모범 업체로 선정되어 사업장 부문 최고상인 대통령 표창을 수상했다. 노사 서로가 무엇이 필요하며 무엇을 해 줘야 하는지 알았고, 어려운 경기 침체기를 한 목소리로 걱정했기 때문에 이룰 수 있었던 업적이다.

직원 안전을 지키는 데 노사가 따로 없었기 때문에 노동조합이 주축이 되어 자율 안전 진단을 전개했다. 아울러 산업재해가 발생했을 경우 기존에는 산재 피해자가 보상을 받고 복직을 하면 그것으로 끝이었으나, 인사위원회를 열어 그 잘잘못을 반드시 따지도록 제도화하는 것은 물론 1주일간 해당 공정 전원이 안전 조끼를 착용하고 안전 캠페인을 하였다. 산재 발생—보상—복직으로 마무리되곤 했던 절차를 보완해, 사고 재발을 막기 위해 반드시 안전 문제를 짚고 넘어가야 한다는 뜻에서다. 안전 문화 정착을 위한 모든 일이 노조에게 개방됐고, 노조도 적극적으로 참여했다. 사측은 노측을 존중하고, 노측은 사측을 믿는 노사 화합 분위기가 이어지자 조선내화의 안전 경영이 본궤도에 오르는 건 시간 문제였다. 이밖에 노조 주관으로 취약 개소 비상 훈련, 안전 관련 각종 행사도 열리면서 안전이라는 개념이 상생의 노사 문화로 발전한 본보기를 보여줬다.

조선내화는 지금까지 노사 협력의 안전 경영을 기업 문화로 정착시켜 열매를 맺었다. 안전과 긍정성에 바탕한 펠트 리더십을 지속적으로 발휘해, 노사가 함께하는 안전과 혁신 활동을 즐기는 토양을 장

기간 일군 덕분이었다. 안전 의식이 보급되어 재해 발생 건수는 평균 4건에서 1건으로 75% 감소했다. 노사 상호 신뢰가 바탕이 돼 2008년에는 명예산업안전감독관 활동에서 전국 최우수 기업으로 뽑혔고, 2009년에는 노사상생기업실천상을, 2012년에는 대한민국 노사문화대상을 연거푸 거머쥐었다.

안전은 동료 사랑, 가족 사랑

회사는 안전 활동을 직원 사랑 운동으로 발전시켰다. '흡연은 눈에 보이지 않는 재해'라는 인식에서 사내 금연공장을 선포한 것도 금연이 가족과 동료 사랑의 지름길이라는 생각에서였다.

"사장직을 맡으면서 광양과 포항 공장을 오가며 현장을 살펴봤습니다. 그런데 두 공장 모두 직원들이 장소를 불문하고, 이곳저곳에 모여 담배를 피우는 거예요. 순간 담배로 인한 화재가 떠올랐습니다. 동료와 나눠 피운 담배가 동료를 죽음에 몰아넣을 수 있는 화재의 원인이 되기도 합니다. 그리고 직원들 본인의 건강은 물론 가족들의 피해를 생각했죠. 공장 안전은 물론 가정 건강에도 해로운 담배를 끊도록 만들어야 하겠다고 마음을 먹었습니다."

직원 사랑과 안전이란 명분을 내세워 금연 운동을 선포하고 '맨투맨 금연 확인'을 개시했다. 직원들에게 자의든 타의든 금연운동에 참여하게 한 다음 참여 직원들을 일대일로 만나 "금연 잘 되어 가나요?

약속은 지켜야 합니다. 그래야 가족 건강도 챙길 수 있습니다."라는
식으로 무심코 말을 던지는 것이다. 사장에게서 직접 금연에 대한 말
을 듣는다는 것은 의외의 관심인 동시에 압박이 된다. 결국 그러한
집요함은 조선내화를 금연 사업장으로 만들었고, 20~30년간 담배를
피우던 직원들마저 금연 대열에 동참하게 되었다. 담배를 끊어야지
생각만 하던 직원들, 금연을 시도했다가 여러 번 실패한 직원들도 사
장의 관심과 전사적인 금연 성공 분위기에 맞춰 도전에 성공할 수 있
었다.

"대놓고 담배 피우기가 그래서 화장실에서 가끔씩 피우곤 했습니
다. 그날도 담배를 피우고 나와 5분쯤 지났을까요. 사장님이 지나치
면서 '금연 잘 되고 있죠?' 하고 물으시는 거예요. 얼굴이 화끈거리
더군요. 금연이라는 작은 약속을 지키지 못하는 사람이 직장 생활이
나 가정을 제대로 건사할 수 있을까 부끄러워졌습니다. 그 이후 말
끔히 담배를 끊게 됐습니다. 무엇보다 아침에 일어나면 덜 피곤하고
요, 가족들도 좋아하는 것을 보니 뿌듯합니다." 어렵사리 담배를 끊
게 된 직원의 고백이다.

김 사장은 평소에 '안전 활동은 동료 사랑이며 내부 고객 만족 활
동'이라는 점을 강조해 왔다. 모든 안전 활동은 동료에 대한 배려가
깔려 있어야 하고, 내부 고객인 직원들이 만족해야 한다는 뜻이다.
안전 활동에 대해 불같은 의지를 가진 그였지만 절대 서두르지는 않
았다. 외유내강外柔內剛의 전형이었다. 보통 어떤 기업에서 안전 시스
템을 구축한다든지 강화할 때는 톱다운Top-down 방식을 취한다. 효율적

이기 때문이다. CEO가 '돌격, 앞으로'를 외치면 전 임직원들이 그대로 따라하는 게 일반적인 그림 아니던가. 하지만 김 대표는 상명하복上命下服의 군대식 문화는 전시용일 뿐이라는 본질을 꿰뚫고 있었다. 그래서 늘 노조와 함께 느리지만 확실한 발걸음을 선택했다.

조선내화는 안전 관련 정보를 포함해 대부분 기업 정보를 CEO 이하 전 직원이 공유한다. 그래야 서로 이해하고, 상대방 입장을 배려할 수 있기 때문이다. 이처럼 느리지만 확실한 안전 활동에 대한 행보는 자율 안전 진단으로 성과를 드러냈다. 안전 문제는 사측이 단독으로 책임져야 할 문제가 아니라 근로자의 대표인 노동조합도 함께 진행하고 개선해야 한다는 명제를 꿋꿋하게 지금까지 유지해 나가고 있는 점을 느낄 수 있는 대목이다.

CEO의 안전 Leadership 효과

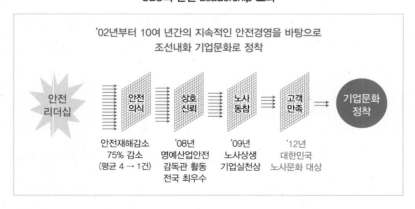

'02년부터 10여 년간의 지속적인 안전경영을 바탕으로
조선내화 기업문화로 정착

안전 리더십 → 안전 의식 → 상호 신뢰 → 노사 동참 → 고객 만족 → 기업문화 정착

안전재해감소 75% 감소 (평균 4 → 1건) / '08년 명예산업안전 감독관 활동 전국 최우수 / '09년 노사상생 기업실천상 / '12년 대한민국 노사문화 대상

안전한 일터가 행복한 세상을 만든다

리더의 진정성으로
만든 대통령 훈장
- 대주기업

재해 발생의 고리를 끊다

"사람에게 고질병이 있어서 고치지 못하면, 결국 그것으로 생명을 다하지 않나. '숙환宿患'이라고도 하지. 대주기업에도 고질병이 있다 네. 매년 최소한 2~3차례 발생하는 산업재해 말이네."

포스코 선배였던 노진수 사장이 퇴사한 뒤 항만 하역과 운송 작업을 하는 대주기업이란 회사를 세우고 얼마 되지 않아 들려준 하소연이다. 다행히 그때와 지금은 사정이 완전히 달라졌다. 대주기업은 안전 기업으로 승승장구하고 있다. 1995년 창업 이래 꾸준한 성장을 통해 지난 20여 년간 포스코 광양제철소의 물류 외주 파트너사로 철강 산업의 발전에 기여해 왔다. 특히 무재해 안전 기업으로 돌아선 이후 지난 5년간 30% 이상의 성장을 기록 중이다. 2015년에도 매출

300억 원을 가뿐히 넘어선 저력을 과시한다.

감성적 안전활동을 통한 조직문화 개선

노 사장 이하 120여 명의 임직원들은 특유의 도전과 창의 정신을 바탕으로 항만 하역업이라는 열악한 환경을 극복했다. 2014년 기준 광양제철소 광양항 물류지분의 20%를 확보하는 등 동종 업체인 대기업들과의 경쟁에서 수위를 기록하기도 했다. 경영적 측면에서도 전 직원이 고민하고 참여하는 혁신 활동을 바탕으로 근무 여건을 개선하고 발전시켜 왔다. 동종 업체 간의 품질 기술 평가 시스템에서도 1위를 유지했다. 365일 연중무휴로 맞교대를 하던 비효율적 2조 2교대 근무형태를, 2012년 노사 협의를 통해 3조 2교대로 개선했다. 호남권 항만용역업체 중 최초로 시도한 과감한 조치였다. 덕분에 직원들에게 더 많은 휴식과 가족과 함께하는 시간을 제공하고 있다. 그 흔한 노사 분규가 창사 이후 한 건도 없다는 '무분규' 기록을 이어가는 것만 봐도 특별한 우량 기업임을 알 수 있다.

안전한 일터가 행복한 세상을 만든다

그러나 노 사장이 고민하던 당시 항만 현장에서는 재해가 끊이지 않았다. 주로 크레인이나 지게차, 굴삭기 등으로 포스코의 고철 제품을 운송했는데, 직원들 피로도가 높아 사고 가능성이 클 수밖에 없었다. 재해 발생의 고리를 어떻게 끊을 것인가를 두고 노 사장은 속을 끓였다. 상황을 골똘히 생각하고는 원인을 따져 봤다. 항만 하역은 광업 다음으로 재해가 자주 일어나는 업종이다. 2014년을 기준으로 건설업과 제조업의 재해율은 각각 0.73, 0.72인 반면 항만 하역의 재해율은 무려 1.27에 달했다. 전체 업종 평균 재해율$^{0.53}$보다 2.5배나 높은 수치다.

무거운 물건을 싣고 나르다 보니, 업무 표준화가 힘든 비정형적인 사업 형태가 가장 큰 문제임을 노 사장은 간파했다. 게다가 직원들 나이가 평균 35세 안팎으로 혈기가 왕성해 주로 본능적 안전에 의존하는 성향이 컸다. 거친 일을 하다 보니 직원들이 내일보다는 오늘만을 생각하고 단순 노무직에 만족하는 상태가 대부분이었다. 업무의 질을 높인다거나 안전에 만전을 기하라는 메시지를 직원들에게 요구할 수 없는 상황이었다. 더욱이 2조 2교대의 근무 형태가 쉴 새 없이 직원들을 피로로 내몰아 재해 위험성이 상존하고 있었다.

노진수 사장의 고민 어린 분석은 바로 대책 마련으로 이어졌다. 무작정 내게 조언을 구했고, 나는 광양제철소 제선부를 재해로부터 벗어나게 만들었던 노하우를 전했다. 제도적 장치와 의식 개혁이라는 투트랙*Two Track* 전략으로 동시에 접근해야 안전 문제를 해결할 수 있다는 게 주요 골자였다.

목마른 사람이 우물을 판다고 했던가. 노 사장은 2005년 광양제철소 제선부의 '에버그린카드' 제도를 참고해 SAO*Safety Acts Observation·안전행동관찰* 개념을 살린 '안전행동관찰카드'를 도입했다. 에버그린카드는 직원 상호 간 불안전한 행동을 할 경우 이를 지적하는 제도로 일찍이 광양기업에도 도입됐었다. 이에 비해 안전행동관찰카드는 거기서 한발 더 나아가 작업자의 불안전한 행동, 즉 사람의 반응-위치, 안전보호구, 작업공기구-장비, 작업방법-절차, 인간공학 등 항목을 나눠서 세밀하게 관찰하고, 대화를 통해 스스로 잘못된 작업 관행을 교정하게끔 유도하는 선진적 안전 관리 기법이다.

제도만 만들어 놓는다고 제대로 굴러갈 리는 없다. 조직 구성원의 의식이 전환되어야 한다. 노 사장은 '안전 활동은 사랑과 감사의 깊은 뜻'이라는 공감대를 형성해 무재해 안전 의식을 직원들에게 심기 시작했다. 동료 사랑, 가족 사랑, 자신 사랑, 회사 사랑이라는 '4가지 중복 사랑'의 뜻을 내세웠다. 리더의 진정성이 직원들에게 진심으로 느껴지게 되자 노사협의체를 중심으로 적극적인 변화와 동참의 움직임이 생겨났다.

안전과 생산성, 두 마리 토끼 잡기

안전과 긍정, 사랑과 감사의 펠트 리더십은 의식 개혁과 학습 조직 운영으로 이어졌다. 경영자가 솔선수범해 동기를 부여했다. 광양

안전한 일터가 행복한 세상을 만든다

제철소의 자발적 학습동아리*CoP, Community of Practice*가 대주기업에 가동됐다. 또한 경영진이 직접 운용하는 안전 신문고 제도를 만들어 언제 어디서나 서로 작업장의 위험을 공유하도록 개선했다.

효과는 만점이었다. 학습동아리를 통해 안전과 실무 관련 정보 공유와 학습이 심화됐고, 안전신문고를 통해 사업장의 모든 위험을 선제적으로 발견해 처리하는 체계가 잡혀 갔다. 2014년 한 해만 보더라도 안전신문고 신고 건수 112건 중 불안전 상태를 공유한 경우는 112건으로 100%, 불안전 상태를 개선한 경우가 97건에 달해 총 발견 위험의 90% 가까이를 개선했다. 이처럼 안전신문고는 전원 참여 안전 활동, 불완전 개선 조치 시간 단축, 조직원 내 의사소통 등 충분한 성과를 거뒀다. 노 사장은 근로자의 안전뿐 아니라 가정생활에도 관심을 보이며, 직원 가족에게까지 안전에 대한 믿음을 얻어 냈다. 생

6장 만사형통의 안전 이야기

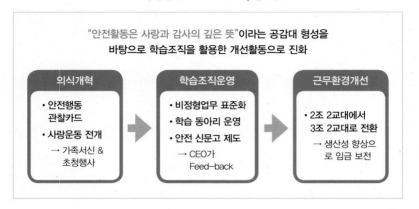

Owner의 안전 Felt—Leadership을 기본으로

"안전활동은 사랑과 감사의 깊은 뜻"이라는 공감대 형성을
바탕으로 학습조직을 활용한 개선활동으로 진화

의식개혁	학습조직운영	근무환경개선
• 안전행동 관찰카드 • 사랑운동 전개 → 가족서신 & 초청행사	• 비정형업무 표준화 • 학습 동아리 운영 • 안전 신문고 제도 → CEO가 Feed-back	• 2조 2교대에서 3조 2교대로 전환 → 생산성 향상으로 임금 보전

일, 입학, 결혼 등을 주제로 가족 서신을 발송하고 초청 행사도 열었
더니 가족들은 환호 일색이었다. '회사에서 인정받는 남편^{아내}이 가정
에서도 자랑스러운 남편^{아내}'이라는 명쾌한 논리가 직원들은 물론 가
족들에게도 긍정적으로 작용한 것이다.

이로써 누구도 실현되리라고는 생각 못 했던 무재해 안전이 2007
년을 기점으로 2015년 12월 13일까지 무려 3096일이나 지속되는 결
실을 보았다. 과거 재해 다발 사업장이던 대주기업이 2009년에는 무
재해 성공 사례로 고용노동부장관 표창을 받았다. 2010년에는 중소
기업진흥공단이 조사한 '행복지수 1등 기업'에 등극한 데 이어 2014
년 산업재해 감소 공적으로 동탑산업훈장을 받았다. 2015년에는 마
침내 생산성 향상 최우수 기업으로 뽑혀 대통령 표창을 수여받는 영
예를 누렸다.

노 사장은 이러한 빛나는 성과의 비결을 진정성과 솔선수범의 리
더십, 현장과 직원들이 마음으로 느끼는 이른바 펠트 리더십 덕분이

안전한 일터가 행복한 세상을 만든다

라고 평한다. 물 샐 틈 없는 안전 관리 시스템과 더불어, '안전과 긍정'의 펠트 리더십이 대주기업의 무재해 달성과 직원 행복도 상승이라는 열매의 뿌리가 되었다는 설명이다.

대주기업이 안전 기업으로 거듭날 수 있었던 또 하나의 터닝포인트는 교대근무 형태를 바꾼 2012년 11월이었다. 호남 지역에서 항만하역업 최초로 직원들의 근무시스템을 2조 2교대에서 3조 2교대로 바꾼 것이다. 2조 2교대 형태에서는 하루 12시간씩 열흘간 일하고 단 하루를 쉬었고 한 달에 3번 근무 조가 바뀌는 날에는 24시간 연속 근무를 해야 하는 등 고충이 심했다. 직원들의 개인적인 삶을 돌볼 수 없는 패턴이었다. 3조 2교대가 도입되면서 6일 일하면 3일은 쉴 수 있게 됐고, 24시간 근무도 마침내 사라졌다. 직원들이 자신만의 시간, 가족과의 시간을 갖고, 안전하게 작업할 수 있는 최소한의 조건이 마련된 것이다.

"사실 2조 2교대 때는 집이 그냥 '하숙집'이나 '숙소'였습니다. 매일 아이들 잠자는 모습만 봤고, 제가 잘 때는 혹시라도 깰까 봐 아이들이 집에서 뛰어다니거나 큰 소리를 못 내게 집사람이 신경 써야 했죠. 체력 부담에, 쉴 틈이 없으니 집사람과 사이도 서먹해질 만큼 힘든 때도 있었고요. 하지만 3조 2교대가 모든 것을 제자리로 돌려놨습니다. 아내와 아이들을 데리고 놀이공원에도 갈 수 있고, 집안 행사에도 되도록 참석할 수 있게 됐죠. 만일 지금 다시 2조 2교대 시절로 되돌아가라면, 아마 사표를 내야 할지 말지 고민에 빠질 겁니다."

철도 운송 작업에 종사하는 한 직원이 집에서 가장으로서 역할을 제대로 하게 됐다고 회상하는 말을 듣고 안타까운 마음이 들었다. 제도적 안전 활동과 별개로, 가족과 함께할 수 있는 삶, 자신의 시간을 가질 수 있는 삶이 무재해의 첫걸음이요, 안전의 지름길이라는 사실을 경영 현장에서 때론 외면하지 않았던가 하는 반성을 하게 된 탓이다.

우리나라 대부분 항만에서는 항운 노조가 단순 노무직의 공급권을 갖고 있다. 대주기업 역시 항운 노조로부터 단순 노무자를 공급받아 다른 회사들처럼 2조 2교대로 근무했다. 이런 항만 하역의 특성으로 2조 2교대가 관례로 굳어져 온 게 현실이었다. 그래서 직원들은 피로가 누적돼 언제나 사고나 재해 위험을 느끼고 있었다. 이런 관행을 대주기업 혼자 개선하기에는 어려움이 많았다. 하지만 위험한 관행을 바로잡지 않으면, 재해는 끊임없이 계속될 것이라는 점 또한 불 보듯 뻔했다. 노 사장은 3조 2교대로의 전환을 결심했다. 끈끈하게 서로 이해하고 양보하는 전통을 가진 노사 협의체가 있어 자신이 있었다.

문제는 근로 형태를 3조 2교대로 바꾸려면 부족해진 인력을 신규 채용해야 하고, 그에 따른 상당한 인건비 부담을 회사가 견뎌내야 한다는 점이었다. 동시에 직원들은 근로시간 단축으로 임금이 줄어드는 고통을 이겨낼 각오가 필요했다. 노 사장은 조직의 리더로서 노측과 사측을 함께 설득했다.

"대승적 결단이 필요한 때였습니다. 사측은 교대제를 바꿈에 따라 생산성이 높아져 손익분기점만 넘긴다면 근로자들의 임금 하락분을 보전하겠다는 강한 의지를 보였습니다. 아울러 노측은 실제로 임금이 20% 가까이 줄게 되는 초기 인건비 부담을 분담하겠다는 큰 양보를 했고요. 직원들 휴식이 보장되자 생산성이 높아졌습니다. 교대제 개편이 이뤄진 2013년 11월 기준 연 매출액은 241억 원에 달했습니다. 이는 사상 최대 실적이었죠. 전년 대비 10% 가량 높아진 액수였

호남지역 항만하역업 최초
-3조 2교대 실시! (2012년 11월)

습니다. 직원들에게 임금을 보전해 줄 수 있게 됐고, 16%에 달하던 이직률도 대폭 낮아져 5%대로 떨어지는 성과가 따라왔습니다."

대가족처럼 훈훈한 기업

대주기업의 노사가 원만하게 큰 변화를 이루기까지는 '가족 중심 경영'의 가치가 제몫을 했다. 노 사장이 줄기차게 외쳐 온 '가家-사社 합동'에 바탕을 두고, 지속적으로 '부부 동반&자녀 동반 프로그램', '격려 메시지 교환하기', '가족사진 전시회', '가족 표지판' 등 가족과 회사를 잇는 노력이 빛을 발한 것이다.

직원들은 출근하자마자 제일 먼저 출입문 오른쪽 벽에 붙어 있는 가족 표지판과 새해 결심을 본다. 작업복으로 갈아입을 때, 쉬는 시간에도 안전을 강조하는 작업장 곳곳에 붙어 있는 가족사진을 보며, 누가 시키지 않더라도 안전제일의 실천 의지를 다진다. 회사 게시판이나 SNS, 편지 등을 통해서 집에 있는 가족들에게 사소한 회사 소식까지 공유될 정도로, 직장과 가정을 함께 생각할 수 있게끔 대주기업은 화목한 가정을 위해 노력하고 있다. 배우자의 생일에 케이크 선사는 기본이고 직원 본인이 원한다면 유급 휴가를 준다. 그날만큼은 가족을 챙기라는 뜻이다. 대주기업은 가족들의 요구에 유독 약하다. 그런 만큼 직원들도 회사에 헌신을 다한다.

이런 가운데 동료가 어려울 때 서로를 보듬어 주는, '행복지수 1등'

다운 기업 문화가 절로 형성될 수밖에 없다.

"2010년일 겁니다. 운송 담당 직원이 휴일에 마을 친구들과 운동하다가 십자인대가 파열되는 일을 당했어요. 남편이 회사에 못 나가자 생계가 막막해진 부인이 회사로 편지를 보내 왔습니다. 사장인 제가 바로 답장을 썼습니다. 급여를 보전해 주겠으니 걱정하지 말고 얼른 나아서 출근하라고 직원을 위로했습니다. 현재 그는 승진해서 파트장을 맡고 있습니다. 이런 사연들이 한둘이 아닙니다. 그렇게 우리 대주기업은 대기업은 아니더라도 '대가족'처럼 훈훈한 전통이 있는 기업입니다. 회사와 직원, 가족 간 믿음과 유대가 깊고 끈끈하다는 얘깁니다."

그래서인지 대주기업은 1995년 창립 이후 지금까지 '무분규' 회사다. 아예 직원들은 노조를 만들 생각조차 하지 않고 있다. 회사 사측

모두가 어쩔 수 없다고 했지만

'07년 이후 무재해 지속과 행복지수 1위 기업
('15년 12.13 기준 3,096일 무재해)

매년 2~3건 재해다발 사업장

진정성
안전
Felt-Leadership
솔선수범

'09년 무재해 성공사례
(노동부장관)
↓
'10년 행복지수 1등 기업
(중소기업진흥공단)
↓
14년 동탑산업훈장
(산업재해감소)
↓
'15년 생산성향상 최우수
(대통령표창)

• '12.11월 항만하역 최초 3조 2교대 실시 및
  Kosha 18001 인증 취득

4명과 노측 4명으로 구성된 노사 협의체가 구성돼 운영되고 있으며, 최소한 한 달에 한 번은 모여서 서로 힘든 일을 얘기하고 경영정보는 물론 직원들의 속사정까지도 서로 의논한다. 임금도 무교섭으로 사측에 위임한다. 노사협의체가 그만큼 잘 운영돼서 직원들은 회사를 믿고 회사는 직원들을 껴안는 선순환의 관계가 지속되고 있다.

결국 직장 안전의 뿌리는 노사 간의 책임감, 가정의 화합과 화목에 있다. 그것 없이는 그 무엇도 사상누각이 될 수밖에 없음을 노진수 사장과의 만남에서 매번 깨닫게 된다.

보이지 않는 위험까지 찾는다

지금까지 광양기업, 조선내화 그리고 대주기업이 어떻게 성공적으로 회사에 안전시스템을 갖추고 안전문화를 뿌리내리게 했는지 살폈다. 개인적으로 광양제철소 제선부에 몸담았던 때부터 오랫동안 성장을 지켜봐 온 곳들이기에 '안전과 긍정'이라는 펠트 리더십의 모범으로 손색없는 사례들이라 확신한다. 각 업체들 업종이 다른 만큼 안전 표준은 상이하다. 그리고 발생하는 재해에도 차이가 있다. 하지만 분명한 것은 이들 기업에는 부정할 수 없는 공통점이 존재한다는 사실이다.

첫째는 일이관지一以貫之의 실행력이다. 진정성을 가지고 솔선수범하는 CEO에 의해 SAO*Safety Acts Observation·안전행동관찰*, 학습동아리*CoP, Community of Practice*, VP*Visual Planning·업무가시화* 등이 처음부터 끝까지 적용되고 있다. 어떤 형태로든 그들 CEO가 해 봤거나 간접 체험한 사항이라는 것이고, 안전이라는 하나의 목표를 향해 초지일관 달려가는 뚝심을 발휘해 안전 경영을 자리 잡게 했다는 것이다.

둘째는 관심*Interest*와 관찰*Observation*의 체질화*體質化*다. 세 기업의 CEO는 모두 안전 경영에 관심이 있었고, 왜 재해가 발생하는지, 그리고 재해를 막을 수 있는 방법이 무엇인지 끝없이 관찰했다. 그 결과 훌륭한 성과를 냈을 뿐 아니라 기업과 직원들의 안전과 가정의 행복, 또한 지역사회 공동체에 기업으로서 널리 공헌했다.

나 역시 마찬가지였다. 광양제철소 제선부장을 거쳐 부소장, 기술개발실장, 연구소장, 광양제철소장, 포스코 부사장, 포스코ICT 대표이사, 포스코경영연구소 사장 등 20년을 경영인으로 지내 오면서 늘 '관심자'였고 '관찰자'였다. 그래서 모든 재해를 막을 수 있다는 신념 아래 5고로 건설 프로젝트를 성사시켰으며, 광양제철소를 무대로 통합 안전 활동을 전개하도록 만들었다. 그리고 이를 발전시켜 포스코 그룹 차원의 안전 시스템을 구축했다. 제철 신기술 파이넥스*Finex* 개발에도 성공해 기술 상용화를 이룰 수 있었다. 이 모든 성과들은 관심과 관찰의 결과물이었다. 관심과 관찰은 기업의 안전 관리, 설비-환경문제, 노사 문제, 윤리 문제 등 모든 분야에 적용할 수 있는 만능*萬能*의 도구다.

셋째, 궁즉통*窮則通*이다. 세 기업 공히 너무나 절실한 상황 속에서 안전 경영을 추구했고, 마침내 방법을 찾았다는 것이다. 광양기업이나 조선내화나 대주기업 CEO들은 곤궁한 상황 속 현장 안전에서 답을 찾으려 수많은 방법을 고민했다. 황재우 사장, 김완기 사장, 노진수 사장은 간절한 심정으로, 가까운 사이였던 나에게 포스코 안전 관리의 노하우를 요청해 도움을 주었다. 이를 바탕으로 나름대로의 특성이 있는 안전 System을 구축하여 무재해 현장을 구현할 수 있었다. 이러한 성취를 직원들과 공유하여 새로운 도약의 발판으로 삼고 있다.

이 대목에서 이 세 기업의 경우를 동양 고전『주역周易』의 한 구절로 종합해 본다. '궁즉변, 변즉통, 통즉구窮則變, 變則通, 通則久'. 궁하면 변하게 되고, 변하면 통하게 되고, 통하면 오래간다는 뜻이다. 무슨 일이든 막다른 골목에 처했을 때 포기하지 않고 변화하면, 어려움이 해결될 뿐 아니라 지속성이 생긴다는 말이다. 명심해야 할 점은 '재해는 언제든지 다시 일어날 수 있다'는 명백한 현실이다. 따라서 안전 시스템을 구축했고, 안전 문화가 정착됐다고 생각했을 때 가장 조심해야 하는 법이다. 조직의 리더는 '일신우일신日新又日新'의 자세로 날마다 새로이 변화를 일으킴으로써 어제와 다른 오늘의 안전으로 '통通'하도록 하는 지혜를 놓치지 말아야 한다.

나의 안전 리더십 Check & UP!

* 근무 환경이 열악했던 광양기업은 환경 미화원을 산업안전기사로 육성하여 안전을 체질화시키는 등 일관성 있게 변화를 추진하여 지역 사회에서 가장 가고 싶어 하는 유망기업으로 변모하였다.

☞ 누구나 오고 싶어 하는 회사로 새롭게 변화할 우리 회사의 모습을 그려본다면 어떤 모습인가?

* 용광로에 들어가는 내화물을 만드는 조선내화는 노조가 안전활동에 적극 참여하여 신화와 상생의 노사문화를 구축하였다.

☞ 안전 활동을 전개하는 데 개선해야 할 노사 문화가 있다면 어떤 것인가?

* 대주기업은 근무 환경 개선을 위해 2조 2교대를 3조 2교대로 바꾸었다. 이 과정에서 인건비 부담 증가와 임금 삭감의 어려움이 있었으나 감내한 결과, 무재해 실현 및 생산성 향상으로 이를 극복하여 모범 사례가 되었다.

☞ 안전이 삶의 질과 생산성 향상으로 이어진 사례를 보면서, 그 둘의 연관성이 어느 정도라고 생각되는가?

7장

의식을
바꿔야
변화가 온다

속도에 무너진
안전

                    1994년 10월 21일. 평소와 다를 것 없는 아침이었다. 그런데 TV 앞에 선 직원들이 웅성거리며 어두운 얼굴로 모여 있다.

    "부장님, 도저히 믿을 수 없네요. 한강 다리가 무너졌답니다."

    속보가 전하는 소식은 정말 믿을 수 없는, 눈 뜨고 볼 수 없는 광경이었다. 서울 성동구와 강남구를 잇는 성수대교의 중간 지점 교량 상판이 갑자기 푹 꺼지면서 한강으로 시멘트 덩어리가 꺼지듯 떨어져 내렸다. 다리를 지나던 차량들도 함께 추락했다. 처참한 모습이었다. 교량이 끊어진 부분에는 철근이 흉측한 모습으로 구부러져 보는 이들을 섬뜩하게 했다. 화면 속 현장에는 눈물처럼 가랑비가 계속 내렸다. 총 6대의 차량과 49명의 탑승자가 추락했고, 등교 중이던 10대 여학생들과 직장인, 교사 등을 포함해 32명이 사망했다. 거짓말이

안전한 일터가 행복한 세상을 만든다

어야만 하는 뉴스였다.

　명백한 인재人災였다. 사고 당일 새벽, 성수대교를 운행하던 운전
자들은 다리의 상판 이음새에 철판 하나가 깔려 있는 걸 목격했다.
상판 이음새 부분의 틈새가 심하게 벌어진 것을 덮기 위한 서울시 당
국의 땜질식 응급조치였다. 시간이 흐르며 상판의 균열은 점점 커졌
고, 붕괴 사고 2시간 전인 새벽 6시경에는 이음새 구간을 통과한 운
전자가 차량 운행 시 충격이 너무 크다며 전화로 신고까지 했다. 그
럼에도 당국은 '안전 불감증'에 빠져 교량 진입 통제 조치를 내리지
않았던 것이다.

　준공된 지 15년밖에 되지 않은 성수대교는 당연히 안전할 것이라
고 모두가 생각했다. 설계 당시 도시 미관을 고려해 국내에서는 파
격적인 공법이었던 트러스 공법으로 시공되어 찬사를 받던 교량이었
다. 후에 밝혀진 바로는 성수대교를 시공한 동아건설에게는 새로운
공법에 대한 충분한 기술력이 없었다. 완공 기한을 맞추기 위해 무
리하게 공사를 강행하는 과정에서 부실시공이 이뤄진 사실이 적발됐
다. 붕괴 원인은 부실 용접과 설계였다. 부식된 철제 구조물을 보수
하지 않고 감추는 등 관리 부실도 드러났다. 교량 보수 및 관리 기관
인 서울시의 방치 속에 설계 기준을 초과하는 레미콘 트럭들이 아무
런 제한 없이 성수대교를 이용한 탓에 생긴 교량의 피로 누적도 참사
에 큰 영향을 끼쳤다. 여러 요인들이 복합적으로 나타났지만 원인은
한 가지였다. 원칙대로, 제대로 하지 않은 것이다.

　분명히 엔지니어들은 알았을 것이다. 언젠가는 문제가 드러나리

라는 것을. 그토록 신봉하던 '빨리빨리' 문화의 부작용이 성수대교에서 드러난 셈이었다. 여기엔 규정을 위반할 수밖에 없는 근무 환경, 무리한 일정, 강요된 비용 절감, 그리고 안전을 비용으로 인식하고, 그 비용마저도 아끼려는 비뚤어진 배금주의拜金主義가 고스란히 응축돼 있었다. 압축 성장이 가져온 폐해는 성수대교의 충격이 가시기도 전인 바로 이듬해, 한국전쟁 이후 가장 큰 인명 피해사망 501명, 실종 6명, 부상 937명로 기록되는 삼풍백화점 붕괴 사고로 이어졌다. 대한민국 수도 서울 한복판에서 만든 지 얼마 되지도 않은 다리와 건물이 와르르 무너졌다는 사실은 국민적 충격으로 다가왔다. 성장 일변도의 짙은 그늘이 우리 사회 곳곳에 드리우고 있었다. 내가 제선부장으로 보임해 안전의 중요성을 외치던 시기에 발생한 이 2건의 대형 참사는 우리가 사는 세상이 얼마나 허약한 기반 위에 놓여 있는지 내가 딛고 있는 바닥을 깊이 들여다보게 한 계기가 됐다.

2014년 4월 16일, 대한민국은 또 한 번 공황 상태에 빠졌다. 사망자 295명, 실종자 9명 등 304명의 희생자를 만든 세월호 침몰이라는 재앙을 겪었다. 안전한 사회는 과연 가능한 것인가. 우리는 사회 안전망에 대한 깊은 회의에 빠졌다. 멀쩡히 바다를 항해하던 여객선이 특별한 자연적 위험도 없이 바닷속으로 가라앉았다. 황당한 사고였다. 사후에는 사고가 났다는 사실보다 사고 후 정부와 해운사가 보인 미흡한 대처에 온 국민이 분노했다. 그리고 나서야 국회에서는 재난안전관리법을 개정하면서 4월 16일을 '국민안전의 날'로 지정했다.

만시지탄晚時之歎이 아닐 수 없다. 성수대교와 삼풍백화점 이후로도

1995년 101명이 숨진 대구 지하철 가스 폭발 사고, 2003년 343명의 사상자*사망자 192명·부상자 151명*를 낸 대구 지하철 화재 참사 등 일일이 거론하기 어려울 정도로 수많은 사람이 불귀의 객이 되었다. 원칙과 규정을 따랐더라면 충분히 막을 수 있는 사고였다는 공통점이 있다. 20여 년이 흘렀지만 말로만 안전을 공허하게 외치며 계속 똑같은 사고를 반복해 온 것이다. 안전 욕구는 인간이 갖는 기본적인 생존 욕구다. 우리 국민과 후손들이 안전한 가정과 직장에서, 안전한 사회에서 살아가도록 하려면 정부는 물론 기업과 학교, 가정 단위에서 이제부터라도 국민 안전 의식을 올바르게 함양해야 한다.

산업 현장으로 눈을 돌리면 그곳은 또 다른 전쟁터다. 우리나라에서만 매일 250여 명이 부상을 당하고, 5명이 소중한 목숨을 잃고 있다. 해마다 재해로 인한 피해자와 사망자가 조금씩 줄어들고 있다고 하지만, 여전히 9만여 명에 육박하는 많은 근로자가 산업재해의 피해자로 고통받고 있다. 산업재해에 따른 경제적 손실 역시 매년 20조원에 육박한다. 우리의 근로 환경과 안전 인식은 아직까지도 낮은 수준이다. 안전한 근무 환경을 만드는 일이 근로자를 위하는 것은 물론 기업의 경쟁력과 직결된다는 인식이 예전보다는 확산되고 있지만, 경제 수준에 비교해 볼 때 한국의 안전 문화 수준은 부끄러운 정도라 할 수 있다.

우리 사회에서는 아직도 안전 문화보다는 이윤 추구와 '빨리빨리'의 논리가 팽배하다. 하지만 기억해야 한다. 기초를 단단히 해놓지 않은 성장은 불안할 수밖에 없다. 안전을 관리하지 못한 조직은 모래성에 불과하다. 시간은 더 걸릴지라도 규정대로 기본을 지키면, 모든 일을 안전부터 시작하면 견조堅調한 성장이 뒤따라오게 되어 있다.

안전한 일터가 행복한 세상을 만든다

자존감과 긍정성을
키워라

크고 작은 공장에서도 이 같은 잘못된 관행이 똑같이 재연된다. 빨리 처리하기 위해서 절차나 방법을 무시하고 건너뛴다. 높은 곳에 있는 설비를 수리할 때 안전벨트를 착용하지도 않고 높은 사다리에 위험하게 매달려 작업한다. 보기만 해도 아찔한 순간이다. 분명 감독자나 관리자가 하지 말라고 작업을 금지해야 하는 상황이지만, 대부분 눈감고 넘어가기가 예사다. 많은 기업인들이 안전 관리는 마치 안전 담당자 한두 명이 하면 되는 것으로 착각하고 있다. 그것도 사전에 사고가 나지 않도록 만드는 '예방'이 중요한 게 아니라, 사고가 벌어졌을 때 별 잡음 없이 뒤처리를 잘하는 '사후 처리'를 두고 업무 성과를 평가한다. 사고가 나면 사장이 하는 말이란 '어떻게 했길래 그래?' 정도에 그치는 것이 대부분이다. 원칙을 무시하는 안전 경시 풍조가 드넓게 퍼져 있는 것이다.

이런 한국 사회를 고ﾟ 김수환 추기경은 늘 걱정스럽게 바라보셨다. 생전 30년간 세상의 아픔과 나라 걱정으로 불면증에 시달렸던 『친전』이라는 책자에 이렇게 남기셨다.

"첫째, 우리 국민은 부지런하지만 정직하지 못하다. 부정부패가 만연하고, 윤리 도덕이 땅에 떨어졌다. 이래서는 일등 국민이 못 된다. 정직하지 못하면 서로 신뢰가 무너지고, 건강한 공동체가 못 된다. 둘째, 우리 국민은 법과 규정을 잘 지키지 않는다. 누구든 법을 잘 지키는 법치주의가 제대로 될 때 우리나라가 선진국이 되고, 정의가 제대로 설 수 있다. 셋째, 우리 국민은 남을 배려할 줄 모른다. 이기주의가 너무 강하다. 내 탓보다는 남 탓만 한다. 이웃을 사랑할 줄 모른다. 탈북자, 다문화 가정, 장애인, 노숙인 등 사회적 약자를 향한 나눔이 부족하다."

김수환 추기경의 진단을 되새겨 보니 'K보고서' 이야기가 떠오른다. 손욱 교수의 저서인 『삼성, 집요한 혁신의 역사』에 나오는 내용이다. K는 1993년까지 13년간 삼성전자에서 고문으로 일한 일본인이다. 그는 오디오 사업 부문에서 설계 기술을 가르쳤다. 그가 남긴 보고서 내용은 대략 이랬다.

"일본인들은 연구 개발자들이 부품이나 측정기, 각종 도구를 사용하고 나면 원래 위치로 다시 가져다 놓는다. 다음 사람이 금방 찾아 쓸 수 있도록 하기 위해서다. 연구 데이터도 잘 정리해 나중에 다시 활용한다. 중복이나 누락 없이 원활한 연구 개발이 가능한 이유다. 그런데 삼성은 13년 동안 정리 정돈을 아무리 강조해도 지금까지 안 된다. 내가 하는 건 한계가 있으니 이젠 회장이 조직 문화를 바꿀 때다."

안전한 일터가 행복한 세상을 만든다

1993년 6월 초, 프랑크푸르트로 향하는 비행기 안에서 삼성의 이건희 회장은 이 같은 내용이 담긴 보고서를 수행팀에 건넸다. 읽어 보고 왜 그런지 원인을 찾고 대책을 보고하라는 한마디와 함께 말이다. 여섯 명의 수행원들은 기내에서 즉시 토론을 열었다. 정리 정돈이 안 되는 원인에 대해 누구는 책임 의식을, 다른 사람은 주인 의식을 지목했고, 또 다른 이는 처벌이 없는 게 원인이라는 진단을 내놨다. 그러나 아무리 회의를 해 그 답을 내놓아도 이 회장은 수차례 넘게 "다시"를 연발했다. 독일에 도착한 뒤 저녁을 먹고도 토론이 이어졌지만 결국 돌아오는 회장의 말은 "다시"였다. 보다 못한 홍라희 여사가 다음 날 일정을 위해서라도 답을 줄 것을 건의했다.

"자기 자신을 사랑하지 않기 때문이지." 그때서야 일러준 이 회장의 대답이었다. 그 말이 삼성그룹 '신경영'의 신호탄이었다.

규정을 지키지 않는 이유는 자존감이 낮기 때문이다. 자기 자신을 사랑하지 않기 때문이다. 스스로를 존중하고 사랑하지 않아서, 아무리 안전 규정이 많아도 말이 안 되는 사고와 재해가 우리에게 일어나고 있는 것이다. 그렇다면 역逆으로 안전 표준과 규정을 잘 지키도록 하기 위해서는 자존감을 높여야 한다. 어떻게 해야 할까.

긍정과 감사의 힘을 깨닫다

인생을 살면서 누구와 만나 어떤 이야기를 귀담아듣느냐에 따라 삶의 방향이 바뀔 수 있다. 손욱 서울대 융합과학기술대학원 교수는 자존감을 높이는 데 '감사感謝'가 특효약이라고 말한다. 손 교수는 광양제철소에 있을 때부터 내가 멘토로 모시던 분으로, '행복 나눔 125 운동 본부' 회장을 맡고 있다. '혁신 전도사', '식스시그마 전도사', '한국의 잭 웰치'라는 별칭이 붙을 만큼 대한민국 경영계의 거성巨星이다.

2009년 11월 손욱 교수와의 저녁 식사 자리에서 녹색 표지의 '감사 노트'를 한 권 받았다. 그 노트에 일상에서 감사하는 것들을 매일 5가지 적어 보면 놀라운 변화가 있을 거라는 말과 함께였다. 생소한 이야기였지만 평소 존경하던 분의 권유이기에 써 보겠다고 흔쾌히 약속하고 집에 돌아왔다. 잠들기 전 책상 앞에 앉아 감사할 일에 대해 곰곰이 생각했다. 무엇을 어떻게 써야 할지 몰라 처음 3일을 고생하고 나니 뭔가 적어 내려갈 수가 있었다. 작심삼일이란 말이 있지만 계속하다 보니 막상 펜을 잡으면 의외로 감사할 것들이 많았다. 가족들이 모두 화목한 것에 감사했고, 이제껏 건강한 것도 감사할 일이었다. 좋은 음식을 먹는 것, 어릴 적부터 사귀어 온 친구들과 우정을 변함없이 나누는 것도 감사할 일이었다.

3주가 지났다. 이상한 기분이 들었다. 좋은 일로 감사하게 된 걸 넘어서서 객관적으로 좋지 않은 일에도 감사를 하기 시작했다. 약속을 지키지 않은 사람과 일을 하게 되면서 약속의 소중함을 다시 한 번 깨닫게 되어 감사하는 식으로 진화하는 것이었다. 3달을 적다 보니 습관화가 되었고 주변에서는 내 표정이 바뀌고 언어가 달라졌다며 놀라워했다. 3년을 꾸준히 적으면 완전히 습관이 되어 어떤 상황

안전한 일터가 행복한 세상을 만든다

에서도 감사를 표현하며 행복을 영위할 수 있다고 한다. 조상들의 100일 기도, 1,000일 기도의 원리라도 담겨 있는 걸까, 행복한 삶을 위한 감사 쓰기의 '3.3.3.3*3일, 3주, 3달, 3년* 법칙'이다.

감사의 힘을 강조하는 손 교수 주도하의 '행복 나눔 125' 운동은 매일 1가지 선행하기, 한 달에 좋은 책 2권 읽기, 하루에 5가지 감사하기를 실천하는 내용이다. 감사를 나누는 일은 어떻게 보면 선문답*禪問答*처럼 공허하게 들릴 수 있다. 하지만 나 스스로 긍정적인 마음으로 주변을 바라보게 되었고, 내면의 힘이 강해지면서 자존감과 자긍심이 높아졌다. 자신과 관련한 모든 것을 감사의 눈으로 관찰하는 사람이라면 자신을 사랑하지 않을 리 없다. '안전'과 더불어 '감사' 역시 내게는 거부하기 힘든 운명 아니었을까. 몸소 경험한 변화였기에 '감사 나눔'에 동참할 것을 자신 있게 권할 수 있다.

감사는 긍정성의 발현*發現*이자 마르지 않는 원천*源泉*이다. 감사를 습관화하면 긍정의 힘이 샘솟는다. 감사와 긍정성이 우리 삶에 어떠한 영향을 미치는지는 세계적 베스트셀러『시크릿』을 통해 널리 알려진 바 있다. 이 책은 위대한 인물들의 성공에는 '끌어당김의 법칙'이라는 비밀이 있다고 주장한다. 가짜 약을 소화제로 생각하고 먹었더니 배탈이 나았다는 플라시보 효과*Placebo Effect*처럼, 삶에 나타나는 모든 현상은 자신이 끌어당긴 것이므로 긍정적인 생각과 태도가 삶을 바꿀 수 있다는 것이다.

감사의 놀라운 힘을 볼 수 있는 실험이 있다. 세 유리병에 밥을 담고 '감사합니다', '짜증나', '무관심'의 글씨를 붙이고 하루 3번 정도 그

앞에서 그런 감정을 표시하면, 3주 뒤 믿기 힘든 광경이 벌어진다. '감사합니다' 병에는 노란 곰팡이가, '짜증나' 병에는 시커먼 곰팡이가 생기며 '무관심' 병은 가장 심하게 부패한 것을 볼 수 있다. 제갈정웅 전前 대림대 총장은 무려 7개 언어로 이 실험을 했다. 영어, 중국어, 독일어, 일본어 등으로 감사의 말과 짜증나라는 말을 유리병에 붙이고 실험했음에도 우리말 실험의 결과와 같았다고 한다. 어떤 언어를 사용해도 감사와 불평의 감정이 전달되기 마련이기 때문이리라.

한자로 감사感謝의 감感 자는 咸다 함과 心마음 심을 합친 글자다. 즉 마음을 다하는 진정성을 뜻한다. 사謝 자에는 言말씀 언에다 身몸 신과 寸마디 촌이 모여 있다. 이는 감사의 뜻을 전할 때 말과 몸을 구부려서 해야 한다는 것으로 겸손의 의미를 담고 있다. 진정성과 겸손의 눈으로 세상을 바라보면 모든 것이 감사로 보이지만 우월함과 자만심으로 바라보면 감사할 일이 없을 것이다.

감사는 실천이다. 감사를 행하려면 감사할 거리를 찾기 위해서 관심을 두고 주위를 관찰하게 된다. 감사하기 위해서 상황을 긍정적으로 바라보는 마음의 훈련을 하기 되는 것이다. 자신에 대해 먼저 격려하고 인정하고 칭찬하면 자존감이 자라난다. 자기 자신에 감사하지 않는 사람은 타인에게도 진정으로 감사할 수 없다. 그 다음 일상에서 일어나는 당연한 것들에게도 감사의 의미를 부여하고 표현하는 습관을 가지도록 노력하면, 훈련이 쌓여 '마음의 근육'이 되듯 나의 변화를 통해 가족과 직장에서의 긍정성이 향상될 수 있다. 긍정성이 향상되면 매사를 보는 관점이 달라진다. 고난과 역경도 기회로 바라보게 되는 단계다.

감사 나눔 활동의
시작

         2010년 나는 30년간 몸담은 '쇳물' 현장을 떠나 새로운 숙제를 맡게 됐다. 포스코그룹의 계열사인 포스콘과 포스데이타를 통합해 출범한 '포스코ICT'의 초대 CEO라는 중책을 맡은 것이다. 통합 당시 철강 엔지니어링 및 정비 회사인 포스콘과 포스코그룹 IT서비스 회사인 포스데이타는 인력이나 매출규모는 비슷했으나 처한 상황은 달랐다. 포스데이타는 4세대 이동통신인 와이브로 사업에 4년간 2,000억 원을 투자해 기술적으로는 성공했지만, 시장을 열지 못해 재정난에 직면했고 사업을 포기할 수밖에 없었다. 양 계열사의 통합 시 시너지가 날 것으로 생각하여 결정된 사안이었으나 직원들 사이에선 통합에 대한 불만이 팽배했다. 특히 포스데이타 직원들은 잘못된 투자를 결정한 경영층에 대한 불신으로 성과 몰입도^{행복지수} 38%를 기록할 만큼 심각한 상실감에 빠져 있었다.

이 두 회사의 결합이 결정됐을 때 포스코그룹의 구상은 포스콘의 엔지니어링 기술과 포스데이타의 첨단 IT기술의 바람직한 융합이었다. 그것은 당시 정부가 국가 정책적으로 힘을 쏟았던 '녹색 성장'에 기여할 수 있겠다는 기대이기도 했다. 그러나 그건 경영층의 생각이었다. 한 지붕 아래 억지로 묶인 사이일 뿐 두 회사는 달라도 너무 달랐다. 포스데이타는 IT서비스 전문 기업이었다. 포스코그룹 전체의 정보화를 지원했고, 기술 개발에 성공했다. 하지만 4세대 이동통신시장 도전에서 쓴맛을 보며 재무구조는 갈수록 악화되고 있었다. 반면 정비 산업에 집중해 온 포스콘은 안정적이었다. 꾸준히 수익을 내며 자기 길을 가던 탄탄한 회사였다. 두 조직 사이에서 공통분모를 찾기는 참으로 어려워보였다. 상호 업종에 대한 이해 부족에, 기존의 일하는 방식을 고수하려는 두 조직의 기업 문화는 영영 평행선을 그릴 것만 같았다.

용광로 엔지니어부터 잔뼈가 굵은 나였다. '안전'이라는 확실한 전공이 있었기에 포스코의 경영진이 됐을 때도 현장 직원과 막힘없는 소통으로 신뢰를 구축해 조직의 비전을 달성할 수 있었다. 반면 포스코ICT에서 나는 당장 이방인 신세였다. 어떤 방식으로 직원들의 차가운 빗장을 풀 수 있을까. 경영 실적 악화로 의기소침한 포스데이타 출신들과 안정적인 문화를 지키려는 포스콘 출신들은 물과 기름 같아서, 이들을 융합시키려면 용광로처럼 펄펄 끓게 만드는 새로운 조직 문화가 필요했다. '일하는 방식'을 바꾸는 업무 혁신 경영 기법에는 제철소 시절부터 제법 일가견이 있었지만, 물리적이고 기술적인

안전한 일터가 행복한 세상을 만든다

업무상 통합만으로는 '조직 문화'를 개혁할 수 없었다. 통합을 이뤄야 하는 조직원들의 심리나 의지부터 살펴야 했다. 사내 게시판에는 세상 불평을 다 모아놓은 듯, 나날이 푸념이 쌓여 갔다. 나는 이제 수십 년간 다른 기업 문화를 가지고 있던 두 조직을 어울리게 할 방법을 찾아야 했다.

광양제철소의 안전 혁신을 멈추지 않도록 만든 엔진은, 리더의 솔선수범을 바탕으로 조성된 신뢰를 통해 직원들이 스스로 느낀 자존감이었다. 원칙과 규정을 지키고, 나 자신과 동료의 안전을 배려하는 긍정성이기도 했다. 소장 시절 산업기사 자격증 취득 열풍 속에서 벌겋게 상기돼 있던 직원들의 얼굴이 떠올랐다. 정해진 일만 수동적으로 소화하던 직원들이 학습동아리*CoP*의 힘으로 자존감을 회복했던 기억이었다. 낮은 만족도인 포스코ICT 직원들에게도 자존감과 긍정성을 전파하고 신바람 나는 직장 문화를 누리게 하고 싶었다.

『신뢰의 속도*The Speed of Trust*』에선 '신뢰만큼 높은 수익을 주는 것은 없다'고 말한다. 아무리 좋은 전략을 세워 실행을 잘하더라도 신뢰가 낮으면 정상 궤도에 오르지 못한다는 것이다. 반대로 높은 신뢰는 성과에 곱셈을 한 것처럼 전체가 부분의 합보다 큰 시너지를 만들어 낼 수 있다. 경쟁 전략과 우수한 조직의 실행력은 기업의 성공을 불러오지만, 이때 불신은 전략과 실행력의 적이다.

나는 먼저 열린 토론으로 조직 내 신뢰 분위기 조성에 많은 시간을 할애했다. 쌓이고 쌓인 불신을 없애야 했다. 불평이 또 다른 불평을 낳지 않도록 전 직원 1박 2일 워크숍을 22차에 걸쳐 진행했다. 퇴근 후 술자리에서나 하는 이야기를 꺼내 놓고 '와글와글' 토론을 통해 무엇이 불만인지 이야기를 하고 수렴된 의견을 회사에 제출하도록 했다. 토론 도중 70~80% 불만은 자체적으로 걸러지고 30개 남짓 건의 사항에 대해서는 주관 부서에서 검토 후 공개 토론회에서 발표하도록 했다. 사전 각본 없이 서울에서 진행하고, 포항과 광양에도 영상으로 실시간 중계했다. 직원들이 제기한 급여, 복지, 승진 등 민감한 문제에 대해서는 "여러분이 사장이면 어떻게 하겠느냐?" 반문하며 솔직한 마음으로 답했다. 진정성 있는 펠트 리더십으로 포스코ICT가 나아갈 방향과 전략을 설명하는 자리를 만들었다. 4차례에 걸쳐 수용하지 않는 이슈들을 반복해서 토론했더니 많은 질문들이 사라지고, CEO와 함께 직원들이 원하는 회사를 만들어 보자는 진솔한 공감대를 형성할 수 있었다.

쇳물을 만드는 현장이 아닌 새로운 현장에서 또 다른 '안전'을 구축해야 한다는 책임감이 들었다. 바로 조직의 지속성 차원에서 말하는 안전이었다. 지속 가능한 조직을 세우려면 어떤 주춧돌을 놓아야 할까. 용광로 앞에 섰을 때와는 달랐다. 무엇보다 불안한 이유, 위험의 실체가 보이지 않아 답답하고 조심스러웠다. 직원들에게 지혜를 구하기로 했다. 새로운 비전을 공모하였고, 시대 흐름에 부응하여 'Creating Green ICT Future'를 비전으로 정했다. 중기 목표는 두 회사 통합으로 최고가 되어 2012년도에는 수주와 영업이익을 2배 달성하자는 'POSCO ICT 2012'로 세웠다. 녹색 성장을 주도하는 에너지 관련 엔지니어링 역량에 IT를 접목하였으니 포스코ICT의 장래는 희망적이라고 강조하며 직원들에게 '정략결혼을 하였지만 궁합이 너무 좋아 지금은 힘들지 모르지만 잘할 수 있을 것'이라는 긍정의 메시지를 지속적으로 전파하였다.

기업 통합^{Merger} 시 하나의 조직으로 융합되기까지는 보통 5년 이상이 소요된다고 한다. 포스코 계열사 CEO의 재임 기간은 3년 정도였으므로 내게 주어진 시간은 그리 길지 않았다. 3년 안에 조직 문화의 통합을 완성해야 한다는 무언의 압박이 어깨를 짓눌렀다. 고심 끝에 '기업 통합 3개년 추진 전략'을 수립했다. 통합 1년 차는 '合'의 해로 정하고, CEO와 직원 상호 간 소통으로 신뢰를 조성하는 데 주력하여 통합 기업의 기반을 구축하고자 했다. 2년 차는 '强'의 해로 회사가 지속 성장하고 그 속에서 개인도 발전하자는 긍정성을 향상시켜, 일하는 방식을 효율적으로 바꾸고 직원들 역량 강화에 주력하기로 했다. 마지막 3년차는 '成'의 해로 작명하고 경영성과를 내기 위해 IT기업에 맞는 평가 시스템을 보완, 치열함을 배양하여 기업 통합을 완성하는 해로 계획하였다. '合', '强', '成' 안에 모든 과정이 들어 있었기에 강도 높게 의미를 부여했다. 하지만 직원들은 으레 신임 사장의 관행이라 생각하는 듯 보였다. 지난^{至難}한 고민의 시간이었다.

긍정성을 이끌어 내기 위해 개인적으로 놀라운 체험을 했던 '감사 나눔'을 회사에 도입해 보면 어떨까 하는 생각이 뇌리를 스쳤다. 제일 먼저 회사에 출근해 모인 직원들에게 5가지 감사하는 것을 적고 이를 돌아가면서 이야기하고 나누자고 했다. 감사노트를 준 손욱 교수가 마침 2010년부터 펼치고 있는 '행복 나눔 125' 운동을 기업 최초로 접목해 보기로 한 것이다. 임직원을 모아 놓고 '행복 나눔 125'가 매일 1가지 선행하기, 한 달에 좋은 책 2권 읽기, 하루에 5가지 감사하기를 실천하는 것임을 설명해 줬다. 처음부터 반응이 좋을 거라고 생각하지는 않았지만 직원들은 기업에서 왜 이런 활동을 하는가 하는 회의적인 반응이었다. 첫 술에 배부를 순 없지 않은가. 실망하지 않고 꾸준히 감사 나눔 활동을 추진했다. 광양제철소 시절 금연 운동을 시작했던 때보다는 반응이 낮지 않느냐는 생각으로 맘을 달랬다. 일단 감사 쓰기를 경험해 보면 달라질 거라는 자신이 있었기 때문이다.

안전한 일터가 행복한 세상을 만든다

감사 나눔,
퍼져 나가다

         통합 기업 직원들의 긍정성을 배양하기 위해 나는 손욱 교수가 추진하던 '행복 나눔 125'를 적용해 감사 실천 운동을 3년에 걸쳐 전개했다. 첫해인 2010년 4월 '행복 나눔 125' 운동 추진을 선언하고 임원진 중심으로 본부별 활동 사례를 공유했다. 7월부터는 자율적으로 전사적 활동을 펼쳤다. 부진한 직원 참여를 만회하기 위해 2011년 상반기에는 집체 교육 시 전 직원 '100 감사 쓰기'로 감사의 힘을 체험하도록 소개했다. 진정성을 담아 직원이 느끼도록 하는 펠트 리더십*Felt Leadership*의 힘이 뚝배기처럼 서서히 능력을 발휘하기를 기대한 심산이었다. 관심 있는 직원을 필두로 450명 정도를 리더 격인 '행복 불씨'로 육성하니, 이들의 주도로 전 직원이 일과 전 5가지의 감사를 쓰고 공유하는 시간을 일상화할 수 있었다. 2011년 하반기에는 가족과 파트너사도 동참하는 외연의 확대를 이루었다. 가족 스토리텔링 공모와 감사 펀드 조성, 행복 나눔 페스티벌을, 이듬해에는 칭찬 포인트 제도와 독서 토론회를 추진해 감사의 물결을 일으켰다. 나 자신이 변하고 가족과 동료가 바뀐 사례가 발표되자 직원들의 행복지수가 획기적으로 향상되었다. 오랫동안 진정성을 품고 노력한 끝에 포스코ICT의 감사 나눔 활동이 드디어 조직 구성원의 공감을 얻게 될 수 있었다.

사실 기업에 최초로 감사 나눔 운동을 전개하여 문화로 자리 잡게 되기까지는 어려움과 위기가 있었다. 지금 생각해 보면 오히려 그러한 위기가 기회가 된 것이 감사할 뿐이다. CEO 부임 첫해인 2010년 IT 분야를 관장하는 부사장과 나는 직원들의 이야기를 경청하고 그들의 요구 사항들을 수용하여 열린 소통으로 꾸준한 신뢰를 쌓아 갔다. 그런데 연말 그룹 차원의 조사 결과 이 본부의 성과몰입도가 43%로 포스코ICT 전체 평균보다 15%포인트 낮은 최하위 수준이었다. 1년 동안 집중적인 소통 활동을 펼쳐 타 본부에선 소기의 성과를 거두고 있었음에도, 유독 이 분야 구성원 정서 상태는 심각한 수준에서 크게 나아지질 않았다. IT 업무를 하는 직원들이 대체로 '나 중심'의 사고를 하거나 이해관계에 민감한 편이라, 통합과정에서 겪는 불이익과 경영층에 대한 불만 탓에 유독 마음의 문을 열지 못하고 있다는 게 원인이었다.

이러한 상황을 어떻게 극복할까 고심하다 〈감사나눔신문〉의 유지미 기자가 100가지의 감사를 100일 동안 하루도 빠짐없이 기록하며 변화된 이야기를 듣고, 우리 직원들에게도 긍정성 배양을 위한 '100

감사 쓰기'를 실천하도록 해야겠다고 구상했다. 그런데 5가지 감사도 제대로 채우지 않는 직원들을 어떻게 '100 감사 쓰기'로 이끌 것인가. 아이디어 하나가 떠올랐다. 마침 그 시점에 전 직원 2박 3일 합숙 집체교육을 계획하고 있어, 여기에 3시간을 고정 배치해 감사 나눔 체험 교육을 운영하기로 한 것이다. 교육 장소로는 가나안농군학교를 섭외했다. 광양제철소장 시절 혁신 교육 활동을 위해 이미 경험한 곳이었다.

집체 교육 진행은 이미 '100 감사 쓰기' 경험을 한 유지미 기자가 맡았다. 글이라 해야 보고서만 쓰던 직원들인지라 쑥스러워하면서 제대로 적질 못했다. 이런 자리가 마냥 불편하고 부담스러운 모양이었다. 처음에는 생소함을 느껴 1시간 반 동안 50가지 감사 정도밖에

적지 못한 이들에게 어머니와 아내에 대해 입교 전 시기별로 생각을 정리해 보라고 권유하였더니 3차 이후부터 대부분 100가지의 감사를 채울 수 있었다. 자신의 생각을 정리해 표현하며 발표를 통한 공유 시간을 가졌다. 이후 100가지 감사 내용을 각 가정에 편지로 발송하자, 돌아온 반응은 감동 그 자체였다. 평소 말로 전하지 못했던 속마음을 한 장의 편지로 전달했을 뿐인데 직원들 가정의 해묵은 갈등이 눈 녹듯 풀리고 웃음꽃이 끊이지 않게 되었다. 이 교육을 계기로 직원들이 감사의 메아리가 이처럼 대단한 것임을 실감하게 되었다. 2011년 상반기 46차까지 워크숍을 진행하며 해외 근무 직원도 전원 참여할 정도로 감사 나눔이 문화로 자리 잡았다. 이때 발표된 내용을 중심으로 『100감사로 행복해진 지미이야기』라는 책자를 발간하기도 했다.

'100 감사 쓰기'로 감사의 힘을 체험한 직원들을 어떻게 매일 '5 감사 쓰기'에 참여하도록 할 것인가 고민했다. 먼저 임원들을 행복 전도사로 만들기 위해 적극성을 띤 임원부터 〈감사나눔신문〉과 인터뷰를 하도록 했다. 심층 인터뷰 기사가 실린 신문을 각 가정에 배달했더니 자기 사진이 실린 신문을 읽은 임원과 임원 가족들로부터 반응은 뜨거웠고, 회사에서 공 들여 추진하는 활동이라는 걸 직원 가족들까지 모두 알아 관심을 보이게 되었다.

직원들 가운데 이런 감사 나눔을 전파할 '행복 불씨'들을 본격적으로 길러냈다. 용광로의 불씨처럼 조직에도 불을 지필 작은 불씨가 있어야 했다. 12차례에 걸친 '불씨 캠프'를 통해 자신에 대해 성찰하고 자존감을 키우는 프로그램을 집중하여 교육받았다. 또한 소통과 배려에 대한 과정을 따로 이수했다. 조직으로 돌아간 불씨 직원들은 감사로 하루를 열고, 감사로 하루를 마치는 '포스코ICT 감사 문화'의 실체를 만들어 냈다. 업무상의 리더를 중심으로 감사 나눔 활동을 추진한다면 이 또한 하나의 추가적인 업무가 되고 만다. 감사는 업무가 아니니까 불씨가 중심이 되어 즐거운 분위기를 이끌도록 했다. 전 직원이 아침에 출근해서는 일과 시간 전 5가지 감사를 적었다. 하루에 한 사람씩은 돌아가며 감사한 일을 발표하며 공유했다. 10명 정도 되는 단위로 스스럼없이 테이블에 둘러앉고, 발표자는 가운데 서서 잠시 이야기를 나누는 문화가 정착되어 갔다.

"5가지 감사를 써 봤습니다. 첫째, 오늘은 제가 우리 부서에 발령받은 지 1년 되는 날입니다. 1년 동안 큰 어려움 없이 새로운 업무에 잘 적응하도록 여러분이 도와주신 점 감사합니다. 둘째, 매일 저더러 시집 좀 가라고 잔소리하시는 저희 엄마 눈에는 제가 부족한 것 없이 예쁜 딸로 보이나 봅니다. 객관적인 제 모습보다 항상 저를 더 좋게 봐 주시는 엄마 덕분에 부담도 되지만 힘이 날 때가 더 많으니 감사합니다. 셋째, 어제 식당에서 저녁을 먹고 휴대전화를 두고 나왔습니다. 요즘 그냥 가져가는 사람도 많다는데 다행히 식당에 되돌아가 전화기를 찾을 수 있었습니다. 그래서 감사합니다. 넷째, 하나뿐인 제 조카가 태권도 학원에서 고대하던 '빨간 띠'를 땄다고 합니다. 씩씩하게 잘 자라는 조카에게 감사합니다. 다섯째, 오늘 모처럼 평소보다 10분 일찍 나왔더니 길도 덜 막히고 출근길이 여유로웠습니다. 어제 비가 와선지 하늘도 맑고 공기도 쾌적한 기분입니다. 오늘 날씨가 이렇게 좋으니 감사합니다. 이상입니다."

처음 시작이 어렵지, 생활 속 작은 부분부터 감사할 일을 적고 동료들과 나누니 그리 힘든 일이 아니었다. 감사 항목을 생각하며 자신의 일상생활을 돌아보게 되고, 가족을 비롯한 주변 사람들에게 감사하는 마음이 커졌다. 그렇게 몇 개월이 지나니 사무실 분위기가 한결 훈훈해졌다. 동료가 무엇 때문에 힘든지, 하고 싶은 일이 뭔지 알게 되며 친근감을 느끼게 됐다. 조직 안에서 인간관계가 좋아지고 서로 관심을 갖고 배려하는 수순이었다.

업무가 끝난 뒤 회식 자리에서 상사가 자기 이야기만 실컷 하는 풍경은 절대 소통이 아니다. 소통은 서로 자기 이야기를 하는 것이다. 서로 들어주는 것이 참된 소통 아니겠는가. 새로운 조직 문화가 빠르게 자리 잡아 가니 불평할 시간이 사라졌다. 자존감을 키우는 감사 활동으로 긍정성이 자라나고 신뢰가 구축되었다. 감사 나눔이 문화가 되니 자신이 쓴 내용을 자랑스럽게 이야기하는 시간이 기다려질 정도가 되었다. '행복 나눔 125' 운동을 주도한 손욱 교수는 포스코ICT의 이 변화를 가리켜 '540일의 기적'이라고까지 표현했다. 포스코그룹사 가운데 성과 몰입도 최하위를 기록하던 포스코ICT가 감사 나눔을 통해 540일 만에 상위 그룹으로 탈바꿈한 기업 통합 성공기

안전한 일터가 행복한 세상을 만든다

를 가리킨 말이었다.

2011년 6월에는 가족 참여 감사 스토리를 공모했다. 많은 가족과 직원들이 참여해 감동을 나눌 수 있었다. 이 행사 이후로 감사 나눔 활동이 업무와 직접적인 연관이 없지 않느냐는 부정적 시선이 자취를 감췄을 정도였다. 그해 12월 5일에 개최한 '행복 나눔 페스티벌'은 포스코ICT 전 직원을 하나로 묶기에 충분하도록 성황리에 마무리되었다. 이 행사에서 가장 많은 사람들이 눈물을 흘린 순간은 행복 불씨로 활동하면서 감사 쓰기를 열심히 한 이재정 사원의 이야기였다. 시골에 홀로 계신 노모께 100가지 감사 편지를 써서 보냈는데, 어느 날 어머니에게서 난생처음으로 편지를 받은 것이다. 혼자 한글을 깨우쳐 맞춤법도 틀리고 삐뚤빼뚤한 글씨로 쓴 편지였지만 한 글자 한 글자마다 진한 감동을 전하고 있었다. 여기 어머니의 편지를 소개해 본다.

사랑하는 나에 아들
너의 서신 받고 보니 너에 착한 마음이 편지에 적혀 잇구나. 보고 또 보고 하느님께 감사드렷다. 편지 쓰기 시려하는 너가 보잘 것 업는 이 엄마에 사기를 높이 평가해 주어서 고마기만 하구나. 사랑하는 내 아들 성장기 동안 성내는 모습은 한 번도 보이지 안앗고 언제나 내 마음을 편하게 해주엇든 너의 모습을 생각하면 하느님께 감사 또 감사드린다.
팔남매 엄마로서 뒤도라 볼 때 꿈만 갓구나. 민들레꽃이 피어 바람에 날려 재 자리에 숨겨져 사는 것과 같이 너희들도 자기 생활 따라 잘 사라 주는 것을 볼 때 고마운 마음 이절 수가 업구나. 열 식구가 생활하다가 지금은 나 혼자 민들레 꽂대와 같구나. 그러나 나에게는 팔남매를 선물로 얻어서 하느님께 감사할 뿐이다.

너희들이 전화 한 통이 나에게는 기쁨을 주는구나. 너희 세 식구 가 서로 사랑하고 용서하면서 신앙과 건강을 잘 보존하기를 바랄뿐 이다. 둘도 없는 내 손녀 지윤이 사랑한다. 내 생애 편지라고는 처 음이자 마지막인 것 같구나.

가족 간의 진정성 어린 대화나 편지는 꾸밈없는 감동을 전하는 아 름다운 시詩와 같다. 이렇게 직원들의 감사 나눔, 배려와 관심으로 형성된 신뢰 문화가 나아가 포스코ICT의 윤리, 노무, 설비, 품질 및 안전 분야에도 적용되며 조직 구성원의 의식이 개선됨을 가깝게 느 낄 수 있었다. 전 직원이 참여하는 감사 펀드를 꾸리고 회사는 상응 하는 기금을 1:1 매칭으로 적립했다. 이 기금을 통해 봉사 활동이 활 성화됐고 새로운 나눔 문화가 포스코그룹 전체로 확산되었다. 독서 토론 문화도 빼놓을 수 없다. 월 1회 임원 독서 토론회에서 출발해, 조직 단위로 독서 토론을 권장함에 따라 조직 전체에 창의적인 토론 문화의 기반을 이룰 수 있었다. 감사, 독서, 봉사라는 '행복 나눔 125' 운동의 활동을 통해 감사 나눔의 긍정 에너지를 지속적으로 충전할 수 있었다. 감사 나눔이 자리 잡으면서, 포스코ICT의 해묵은 숙제였 던 서로 다른 기업 문화가 화합和合의 용광로 속에서 '긍정과 신뢰'의 조직 문화로 재탄생하고 있었다.

감사로 일군
놀라운 변화

감사 나눔 활동은 CEO인 나의 의지
로 추진한 일이기에 나부터 앞장서 실천했다. 그 다음으로 내가 자주
얼굴을 보는 임원들부터 변화해야, 각 부서 책임자와 직원들의 의식
을 파고들 수 있다고 여겼다. 감사를 기업 문화로 녹여 내기 위해 임
원들과 끊임없이 소통하며 '감사 쓰기' 참여를 권했다. 일반 직원들

감사(感謝)의 선순환 활동 전개

"감사의 선순환 Cycle"

긍정

감사   행복

감사활동 5단계

• 1단계 (If)   만약 ~한다면, ~해준다면 감사
• 2단계 (Because of) ~때문에 감사
• 3단계 (In spite of) 그럼에도 불구하고 감사
• 4단계 (선행)   선행을 함으로써 상대에게 감사하고
                     싶어하는 느낌을 갖도록 하는 것
• 5단계 (독서)   책을 읽고 지혜를 나누는 것

에게도 짬이 날 때마다 한 사람, 한 사람에게 나의 '감사 쓰기' 경험을 들려주며 먼저 다가섰다. 반신반의하며 쓰기 시작한 감사노트가 이들에게도 효력을 내기 시작했다. 조직 분위기가 한껏 따뜻해졌다. 임직원 마음속에 서로 존중하고 배려하는 의지가 퍼지고 있었다.

감사 활동은 개인과 가정, 조직의 변화를 불러온다. 관심을 가지고 감사거리를 찾는 훈련이 습관화되니 마음의 근육이 강화되고 회복탄력성*Resilience*이 높아져 인성이 부드럽고 너그러워진다. 직원 스스로 자신에 대한 격려와 인정을 통해 일에 의미를 부여하며 자존감을 배양하는 것이 최대의 소득이다. 스스로 변화하니 배우자나 가족을 향해 그들의 관점에서 감사와 배려를 표하게 된다. 이로써 가족들이 변화하고 가정에서 긍정성의 에너지를 받아 일상이 즐거워진다.

회사에서 상사가 먼저 변화된 자세로 직원들을 인격적으로 대우하니 당장 이직률이 현격히 감소했다. 직원끼리 인간관계도 날로 개선되어 업무 능률이 향상되는 효과가 있다. 자신의 감사 스토리를 나누면서 서로의 일에 대한 특성과 그 때문에 비롯되는 업무적 행태에 대해 이해할 수 있었다. 상사는 부하 직원의 고충을 알게 됐고, 부하 직원은 상사의 애로 사항을 진심으로 들어 주었다. 이렇게 서로의 다름과 거기서 비롯한 차이를 인식하게 되면서 얼굴 붉힐 일이 대부분 사라졌다. 오히려 서로 격려하며, 도움의 손길을 내미는 사례들이 발견됐다. 조직 전체를 감싼 훈풍薰風이 업무 혁신 활동과 만나 집중도를 높였고, 자연스럽게 성과 향상을 불러왔다.

감사 활동은 앞서 설명한 안전의 2가지 범주, 즉 작업 현장의 안전*On-the-Job Safety*과 일상적 생활공간의 안전*Off-the-Job Safety*의 상관관계相關關係로도 풀이할 수 있다. '왜?'라는 질문을 단계별로 되풀이해 근본 원인을 파악하는 '5why' 기법으로 Off-the-Job Safety에 대해 생각해 보자.

생활공간에서 교통사고와 같은 재해는 왜 발생하는 것일까?*1 why* 법과 기준, 질서를 지키지 않기 때문이다. 왜 법과 기준, 질서를 지키지 않는 것인가?*2 why* 그것은 자존감이 약하기 때문이다. Off-the-Job Safety를 구현하기 위해서는 직원들이 스스로를 존중하는 자존감을 갖추고 있어야 한다. 그렇다면 왜 자존감이 약한 것일까?*3 why* 자기 자신을 인정, 칭찬, 격려하지 않기 때문이다. 왜 자신을 인정, 칭찬, 격려하지 못하는 걸까?*4 why* 혼자서는 하기 힘들기 때문이다. 왜 혼자서 하기는 힘들까?*5 why* 매일 5가지 감사를 쓰고 공유하는 시스템 활동은 타인과 함께해야 지속될 수 있기 때문이다.

감사 나눔 활동은 바로 자존감을 키워 주는 최고의 방법이다. 자존감이 낮아 스스로에 대한 긍지가 없는 상태를 바꿔야만 Off-the-Job Safety 측면을 강화할 수 있다. 이런 배경으로 전 직원 대상 감사 나눔 활동을 제안해 실행한 결과, 직원들 개인의 자존감이 높아지고 가정과 회사 내 인간관계도 긴밀해졌다. 그러자 조직 전체가 품고 있는 신뢰 문화가 구축되어 리더의 전략과 비전에 대한 실행력이 크게 향상되었다. 스티븐 코비*Stephen M. R. Covey*가 말했듯 높은 신뢰가 또 다른 시너지를 만들어 기대 이상의 경영 성과가 창출되었음은 물론이다. 광양제철소에서부터 다듬어 온 안전에 대한 리더십이 감사 나눔 활동을 만나 소통과 신뢰의 에너지를 만들어 낸 덕분에 크나큰 변화를 이끌 수 있었다고 생각한다.

이처럼 감사 나눔을 체질화하는 '행복 나눔 125' 운동은 위로부터 리더가 진정성을 갖고 지속적으로 추진해야 확산될 수 있다. 또한 외부 전문가의 도움을 받아 에너지를 충전하여야 조직 문화로 발전할 수 있다. 2012년에는 '행복 나눔 125' 운동이 포항제철소와 포항시로 확산되었다. 포스코ICT에서 체험한 사례를 후배인 조봉래 포항제철 소장에게 들려준 것이 계기다. 노사 문제를 포함해 직원들과 소통하는 데에는 이만한 툴이 없다고 소개했다. 이야기를 들은 조 소장이 직접 솔선수범하며 진정성 있게 이 운동을 전개하자 불과 4~5개월 만에 전 제철소에 감사의 물결이 출렁이게 되었다. 이러한 변화에 크게 감명받은 박승호 포항시장이 이번에는 나에게 특강을 청했고, 6개월 만에 포항시 공무원 조직 역시 감사로 변화하였다.

직원들의 긍정적 변화를 확인한 포스코 정준양 회장은 그룹 차원으로 이 운동을 전개하기로 했다. 포스코 패밀리 전체로 확산된 '행복 나눔 125' 운동을 전개하며 나는 감사하게도 계열사의 CEO들을 코칭하는 중책을 맡게 되었다. 포스코ICT의 사례를 벤치마킹하도록 권유하고, 고지마 섬의 원숭이 사례를 설명해 주었다. 1950년대 초 일본 미야자키 현의 무인도 고지마 섬의 원숭이를 교토대학 연구진이 관찰했다. 고구마에 묻은 흙을 손으로 털어 내고 먹는 원숭이들을 보고, 연구진은 한 마리에게 바닷물로 고구마를 씻어 먹도록 학습시켰다. 바닷물에 씻은 고구마는 흙이 없고 소금기가 있어 맛이 좋았기에 섬 안의 다른 원숭이들도 행동을 따라하기 시작했다. 그런데 고구마를 바닷물에 씻어 먹는 원숭이가 100마리 정도로 늘어나자 의외의 현상이 일어났다. 고지마 섬에서 멀리 떨어져 있는 오분 현지역에 서식하는 원숭이들도 고구마를 씻어 먹기 시작했다. 서로 접촉이 없는 지역에서조차 동일한 행동 양식이 나타난 것이다.

이 현상은 '100마리째 원숭이 현상'으로 이론화되었다. 물리적 접촉이 없어도 같은 행위를 하는 사람의 수가 임계치臨界値를 넘어서면 공간과 거리를 초월해 다른 집단으로 행동 양식이 확산된다는 내용이다. 그 후 많은 동물학자, 심리학자가 후속 실험 결과를 통해 이 현상이 인간을 포함한 포유류, 조류, 곤충류에서도 볼 수 있다는 점을 밝혀냈다. 믿기 어려울 수도 있지만 사람의 의식은 현실을 움직이는 능력이 있다. 바꿔 말하면 우리 주변의 일은 우리의 의식이 만든다는 말이다. 내가 달라지면 우리가 변하고, 우리가 변하면 세상을 바꿀 수 있다는 진리를 확인하게 된다. 긍정적인 생각을 갖는 한 사람이 불씨가 되어 우리 사회를 감사로 물들일 수 있는 것이다.

감사에 대한 인식은 나작지나부터, 작은 것부터, 지금부터 운동에서 출발한다. 행복해서 감사한 것이 아니라, 감사해서 행복하다는 인식이다. 불씨가 된 사람은 조직 안에서 매일 함께, 정해진 시간에 즐겁게 감사 활동을 실천하면 된다. 그 다음 감사 활동의 지속을 위해서는 변화 관리 코칭에 의해 에너지를 밖으로부터 충전해야 하고, 시스템 감사 활동이 가동되어야 한다. 감사 나눔은 기업이 이윤 극대화를 위해서만 존재한다는 명제를 뒤바꾸는 일대 혁신이었다. 감사와 행복을 나누는 캠페인을 사회단체가 아닌 기업에 도입한다는 것 자체가 낯선 개념이었기 때문이다.

나의 안전 리더십 Check & UP!

* 문화가 서로 다른 두 회사를 통합한 포스코ICT CEO는 기업 최초로 감사 나눔 운동을 전개하여 긍정성의 기업 문화로 단기간 기업 통합 성공 사례를 만들었다.

☞ 우리 회사에는 현재 어떤 기업 문화가 필요한가? 그렇게 생각하는 이유는 무엇인가?

* 안전의 두 가지 범주인 작업 현장의 안전(On-the-Job Safety)과 일상적 생활 공간의 안전 중, 감사 나눔 활동은 Off-the-Job Safety 활동이라고 할 수 있다. 일상적으로 직원들이 안전(Off-the-Job Safety)을 실천하려면 무엇보다 스스로를 존중하는 자존감을 갖추고 있어야 하는데, 감사 활동은 자존감을 키워 주는 최고의 방법이었다.

☞ 우리 회사 직원들의 자존감은 현재 어느 수준이며, 이를 높이기 위해 어떤 노력을 해 보았는가?

* 포스코ICT는 감사 활동을 통해 그룹사 가운데 성과 몰입도 최하위에서 상위 그룹으로 탈바꿈하는 '540일의 기적'을 이루어냈다. 감사 활동이 자리를 잡으면서 윤리, 노무, 설비, 품질 및 안전 분야까지 그 영향이 확산되어 성과로 이어졌던 것이다.

☞ 감사 활동을 도입해 바꾸고 싶은 문화가 있다면 무엇이며, 정착되었을 경우 우리 회사의 모습은 어떻게 달라지는가?

안전한 일터가 행복한 세상을 만든다

8장

행복한
세상을 만드는
지름길

감사를 나누면
성과가 커진다

　　　　　　　　　　　　　　　　"감사 나눔 운동이 경영 성과와 무슨
관계가 있나요?"

　　포스코ICT CEO로 재직하는 동안 각계각층으로부터 같은 질문을
수없이 받았다. 그럴 때마다 난 "지금 당장 성과를 연계하기는 어렵
지만, 나무가 잘 자라는 토양을 비옥하게 만드는 일입니다. 그러한
마음 밭을 잘 가꾸어야만 어떤 나무를 심어도 잘 자라서 풍성한 열매
를 맺을 수 있지 않겠습니까."라고 반문했다. 제철 현장에서의 경험
과 포스코 경영 활동을 통해 업무 개선이나 신기술 도입뿐 아니라,
직원들의 긍정성과 자존감이라는 토대를 다져야만 경영 성과도 뒤따
라온다는 사실을 누구보다 잘 알고 있었기 때문이다. 포스코에서 안
전이라는 가치에 매진했다면, 포스코ICT에서는 감사라는 이름으로
조직의 안정과 성장을 견인할 수 있었다.

안전한 일터가 행복한 세상을 만든다

포스코 광양제철소는 안전을 기초로 한 '일—혁신—학습'의 기업 문화를 바탕으로 'Global No.1 자동차 강판 전문 제철소 구현'이라는 비전을 달성했다. 직원들과 신바람을 일으키며 이룩한 포스코의 일하는 방식*POSCO Way*이 작동한 덕분이었다. 체계적인 현장 개선 활동으로 매년 1조 원가량 원가를 절감했고, 안전 중심의 직원 사랑 운동에 기반한 신뢰 문화 조성으로 68%였던 성과몰입도가 최고 수준인 83%까지 획기적으로 상승하였다. 이를 통해 구체화된 비전인 '자동차 강판 650만 톤 생산 판매 체계'를 구축하여, 포스코의 꿈을 도요타에 심는 쾌거를 이루었다. 함께 이룩한 강한 현장의 기업 문화가 놀라운 경영 성과를 현실로 만든 것이다.

제철소 현장을 누비며 '안전'의 가치를 긍정성의 축으로 삼았다면, 포스코ICT의 경영 환경에서 나는 그 축의 재료를 감사 나눔 활동으로 바꾸어 사용했다. 감사 나눔 문화라는 긍정성을 조직 구성원의 인식 속에 자리 잡도록 하는 동시에 일하는 방식의 개선 활동을 접목해, 포스코ICT를 경쟁력 있는 기업으로 변모시킬 수 있었다. 제철소 VP는 생산 계획과 설비의 종합적 효율 향상에 초점을 맞추면 되었지만, 포스코ICT의 경우에는 소프트웨어 부문에서 세계적으로 통용되고 있는 BSC*Balanced Score Card* 관점, 즉 재무, 고객, 내부 비즈니스 프로세스, 학습과 성장 측면에서의 목표 관리를 도입했다. 감사 나눔을 통한 긍정성을 바탕으로 VP*Visual Planning*를 통한 업무 가시화, 토론문화 활성화를 추진했다. 핵심 이슈를 과제로 설정하고 학습동아리*CoP*를 통해 소통하고 협업하며 성과관리로 연계되도록 조직 분위기를 일궜다. 이러한 활동으로 포스코ICT 성과몰입도 또한 58%에서 포스코그룹 수위를 다투는 수준인 84%로 눈부시게 높아졌다. 이어 통합 3년 차인 2012년에는 성과몰입도가 그룹 최고점을 기록하여 기업 통합의 성공 사례로 주목을 받게 되었다.

매출액은 2012년 '매출 1조 클럽'에 진입하는 영광을 안았다. 고무적인 것은 미래를 가늠할 수 있는 기준인 영업이익이었다. 2009년 적자에서 2012년 448억 원으로 급증, 직원들에게 자긍심을 심어주는 회사로 발돋움하게 되었다. 나는 이 모든 성과가 전체 임직원들이 꾸준히 참여해 펼친 감사 나눔, 행복 나눔이라는 밑바탕 덕분이었다고 여긴다.

긍정심리학의 창시자 마틴 셀리그만*Martin E. P. Seligman*은 누구나 꾸준한 연습을 통해 무기력을 극복하고 희망에 찬 낙관적인 사람이 될 수 있다고 강조한다. 특히 직업 측면에 있어서 물질적 보상보다 몰입의 경험을 추구하는 것이 삶의 만족감을 높이는 길이라는 주장은 나에게 강한 인상을 남겼다.

기업 조직과 단체를 이끄는 모든 리더 앞에는 지금, 긍정의 리더십을 그려 낼 수 있는 물감과 붓이 놓여 있다. 바로 '행복 나눔 125' 운동의 요체인 감사 나눔 활동이라는 도구다. 셀리그만의 제안대로 금전적 이익보다는 업무에 집중하는, 몰입하는 삶 자체를 추구하는 새로운 기업 문화는 포스코ICT의 사례를 볼 때 충분히 실현 가능하다고 나는 확신한다. 일하는 방식과 감사 나눔의 선순환 작용으로 직원 개인의 인간관계 개선, 화목한 가정, 자존감 배양을 통한 긍정성 향상이라는 변화를 이끌어 냈기 때문이다.

전 세계는 저성장의 긴 터널을 지나고 있다. 우리나라도 예외는 아니다. 경제인, 기업인들은 저성장이 터널이 아니라 일상이 될지도 모른다고 걱정한다. 이런 가운데 기업들은 저마다 길 찾기에 나서고 있다. 하지만 뾰족한 수가 없다. 변화와 혁신을 추구하며 이전보다 더 많은 일을 해내는 것이 요즘 기업이다. 하지만 현장에서는 변화와

혁신이 가져오는 가슴 벅찬 전율과 감동이 실종된 느낌이다. 왜 그럴까. 나는 변화와 혁신의 열매는 그 바탕에, '인간과 생명에 대한 존경심'이 있어야 한다고 확신한다. 돈만 찾는 기업, 원칙을 무시한 기업에는 변화와 혁신이 불러오는 감격이 주어지지 않기 때문이다.

그렇지만 급속한 산업화 과정 속에서 서로를 배려하고 양보하기보다는 승자와 패자를 가리는 경쟁 논리와 경제적 성과 주의를 미덕으로 삼은 한국 사회의 토양에서는 상호 존중 의식이 여전히 취약하다. 장유유서長幼有序의 유교 전통문화가 상명하복上命下服의 권위적 조직 문화로 굳어져 버린 탓도 크다. 2천 명의 기업 관계자를 대상으로 실시한 한 설문조사에 따르면 한국인에게 부족한 리더의 덕목은 '솔선수범', '하향온정', '비전 제시' 순으로 나타났다. 리더가 진정성을 갖고 직원들을 배려하고 칭찬하는 인정의 자세를 갖추지 못했다는 것이다. 당장 우리의 언어생활만 보더라도 감사와 긍정성의 표현이 부족하다. 소련의 수상이던 흐루시초프가 미국을 방문하고 돌아온 뒤 미국이 가장 잘사는 나라가 된 것은 '감사합니다'라는 말을 많이 사용하는 나라이기 때문이라 말했을 정도로, 미국인들은 감사의 표현이 자연스럽게 입에 배어 있다. '아니요No'라고 말할 때에도 '감사'를 넣어 'No, Thank You'라고 말한다는 게 그의 설명이었다.

임직원 간의 존경심과 사랑을 이루는 가장 기초적인 경영 철학은 '인간 존중, 직원 사랑'이어야 한다. 조직 안의 '감사와 긍정성'의 토양을 먼저 다져야 결과적으로 신뢰에 기반한 높은 기업 성과를 창출하고 직원들의 성장을 이끌 수 있다. 이를 통해 우리 사회의 선진화를 이루어 낼 수 있다. 감사와 긍정을 바탕으로 하는 고유의 '기업 문

안전한 일터가 행복한 세상을 만든다

화'야말로 저성장의 늪에 빠진 뉴노멀$^{New Normal}$ 시대에, 경쟁력이자 지속 성장하는 기업으로 우리를 이끄는 나침반이 되리라 믿는다.

고유의 기업 문화를
세워라

"21세기의 리더들은 지시하고 책임지는 명령자가 아니라, 구성원을 성장시키는 코치가 되어야 하고, 구성원들이 잠재력을 발휘하게끔 하는 오케스트라의 지휘자와 같아야 한다." 『코칭 리더십』의 저자로 비즈니스에 코칭을 도입했다고 평가받는 존 휘트모어*John Whitmore*의 말이다.

실력 있는 축구팀에는 포지션에 맞는 최고의 선수들이 모여 있다. 최전방 스트라이커는 골 결정력을, 미드필더는 넓은 시야와 유연한 볼 배급 능력을 갖췄을 것이고, 수비진은 뛰어난 조직력으로 움직이고 있을 것이다. 최후방의 골키퍼는 빠른 판단력과 민첩한 몸놀림으로 상대의 슈팅을 제압할 것이다. 선수들의 뒤편에는 감독과 코치진이 있다. 감독은 의사결정의 전권을 가지고 선수를 투입하고 큰 그림의 전략을 기획한다. 코치들은 선수들이 각자 위치에서 감독의 지시를 소화하며 움직이고, 경기력을 최상급으로 유지하도록 전술적인 조언과 트레이닝 기법을 제시한다.

높은 성과를 내는 기업에도 감독과 선수들, 코치진이 있다. 비유하자면 감독은 경영을 총괄하는 CEO이고, 선수들은 조직 구성원이다. 코치는 CEO와 직원들 사이에서 기업 전체의 소통 역량과 긍정성의 토대를 다지는 외부의 조언자일 수도 있고, 코칭 역량을 직접 갖춘 경영진이 될 수도 있다. 갈수록 복잡해지는 사회 구조 속에서 조직 구성원은 이전보다 다원화된 욕구와 기대치를 품고 있다. 이러한 다양한 개인을 하나의 목표 지점으로 이끌어 가기 위해서는 '기업 문화'의 힘이 필요하고, 기업 문화가 뿌리내리기 위해서는 신뢰에 바탕하여 세심한 처방을 내리는 코칭 리더십이 필요하다.

기업의 잠재력을 끌어내는 코칭의 마법

리더십은 시대의 흐름을 반영한다. 고정된 리더십은 무능해지기 쉽고, 세월이 변하면 리더십도 변한다. 조직을 리드하려면 그 시대의 흐름을 정확히 파악하는 능력이 필요하다. 코칭이란 개인과 조직의 잠재력을 극대화하여 최상의 가치를 실현할 수 있도록 돕는 수평적 파트너십이다. 기업 코칭은 기업의 전 직원이나 일부 부서에 대해 적용하는 것으로 조직이 가지고 있는 문제나 조직의 목표를 달성하는 데 도움을 주는 코칭을 말한다. 기업의 관점에서 보면 개인과 그룹의 잠재력을 활용할 기회를 높여 기업의 성과를 달성할 수 있게 된다. 상사는 코칭 리더십을 발휘하여 부하를 코칭함으로써 성과를 향상하고 일을 통한 개인의 발전을 이끌 수 있다. 기업 문화를 만들어내고 조직을 변화시키도록 돕는 'SMART 코칭 모델'을 살펴보자.

업무 코칭을 위한 SMART 체크포인트

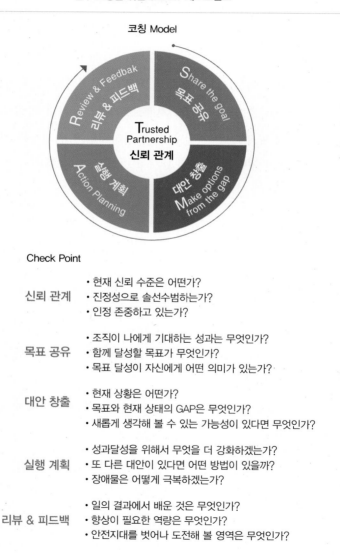

코칭 Model

Trusted
Partnership
신뢰 관계

Review & Feedbak
리뷰 & 피드백

Share the goal
목표 공유

Action Planning
실행 계획

Make options from the gap
대안 창출

Check Point

신뢰 관계
• 현재 신뢰 수준은 어떤가?
• 진정성으로 솔선수범하는가?
• 인정 존중하고 있는가?

목표 공유
• 조직이 나에게 기대하는 성과는 무엇인가?
• 함께 달성할 목표가 무엇인가?
• 목표 달성이 자신에게 어떤 의미가 있는가?

대안 창출
• 현재 상황은 어떤가?
• 목표와 현재 상태의 GAP은 무엇인가?
• 새롭게 생각해 볼 수 있는 가능성이 있다면 무엇인가?

실행 계획
• 성과달성을 위해서 무엇을 더 강화하겠는가?
• 또 다른 대안이 있다면 어떤 방법이 있을까?
• 장애물은 어떻게 극복하겠는가?

리뷰 & 피드백
• 일의 결과에서 배운 것은 무엇인가?
• 향상이 필요한 역량은 무엇인가?
• 안전지대를 벗어나 도전해 볼 영역은 무엇인가?

코칭 리더십의 기본적 전제는 상하 간 신뢰 관계*Trusted Partnership*다. 리더와 구성원의 신뢰 수준이 높아야 코칭 효과성이 높기 때문이다. 신뢰 관계의 키포인트는 진정성을 가지고 솔선수범하는 리더십이다. 구성원의 일에 대해 지지를 보내고 배려하는 행동, 구성원의 기여도와 잠재력을 인정해 주는 리더의 행위를 가리킨다. 목표 공유*Share the goal*는 구체적이고 명확한 목표를 설정하고 그 목표가 개인에게 어떤 의미가 있는지 코칭하는 것을 말한다. 대안 창출*Make options from the gap*은 목표와 현재의 차이*Gap*를 인식하고 고정관념에서 벗어나도록 질문하는 활동이다. 특히 문제에 대한 근본적인 원인과 핵심 파악을 위해 '왜?'라는 질문을 5회 연속으로 던지는 '5why' 기법이 유용하다. 실행 계획*Action Planning*은 목표 달성을 위한 대안 중 핵심적으로 실행할 것을 선택하는 과정으로, 실행 계획과 함께 예상되는 장애 요인에 대한 극복 방법 논의와 동기 부여가 필요하다. 리뷰&피드백*Review&Feedback*은 비난이 아닌 건설적인 피드백이어야 하며, 피드백의 초점을 성격이나 태도가 아닌, 개선해야 할 행동과 필요 역량에 집중하는 것이 중요하다. 흔히 피드백을 주기도 어렵고 받기도 어려운, 고통스러운 과정으로 생각하기도 하지만 진정성에 기초한 피드백은 상대를 성장시키는 가치 있는 일임을 잊지 않아야 할 것이다.

조직을 변화의 길로 이끌고자 하는 리더라면 직원들을 거칠게 몰아붙일 것이 아니라 세련된 코칭 스킬을 숙지할 필요가 있다. 'SMART 코칭 스킬'은 '인정, 코칭 언어, 적극적 경청, 강력한 질문, 피드백'이라는 5가지 요소로 요약될 수 있다. 행동*Act*에 대해, 존재*Being*에 대해,

기여^{Contribution}에 대해 리더로부터 인정을 받은 상대는 무한한 힘의 원천을 찾게 되는데 이때 코칭 언어는 판단이나 비난을 하지 않고 사실에 초점을 맞추는 중립적 언어여야 한다. 적극적 경청의 태도는 LENS[Leaning$^{몸은 상대를 향해}$, Eye Contact$^{눈을 맞추고}$, Nodding$^{고개를 끄덕이며}$, Saying$^{반복, 반영}$]라는 키워드로 설명할 수 있고, 말의 내용뿐 아니라 비언어적인 신호에도 관심을 기울이며 경청하는 자세가 필요하다. "위대한 결과는 위대한 질문에서 비롯된다."라는 말처럼 코칭 스킬로써의 강력한 질문은 상대방의 생각을 자극하고, 호기심을 유발한다. 피드백은 비난이 아닌 지원으로 이해되어야 하며 적절한 타이밍에 일대일로 직접 전달되는 것이 좋다. 또한 타성에 젖은 형식적인 피드백이 되지 않도록 구체적인 행동과 역량에 대해 언급하는 기술이 있어야 한다.

강력한 질문과 피드백을 통해 리더십을 발휘했던 역사적 인물로 세종대왕을 꼽지 않을 수 없다. 세종은 국정을 논하는 자리에서 신하들과의 자유로운 토론 문화를 즐겼으며, 대화 중 항상 2가지 질문을 던졌다. "네 생각은 무엇인가?"와 "왜 그렇게 생각하느냐?"라는 물음이었다. 사안을 놓고 자신의 생각을 밝히는 발언권을 골고루 분배해 많은 이야기를 들었다. 발생할 수 있는 여러 가지 문제점을 토론 과정에서 빠짐없이 검토한 뒤에는, 적임자에게 권한을 전적으로 위임함으로써 신료들의 책임 의식을 북돋웠다. 유능한 인재들을 인정하고 격려함으로써 최고의 결과를 만들어 낸 탁월한 지도력의 바탕엔 수평적인 토론 문화가 자리 잡고 있었다.

안전한 일터가 행복한 세상을 만든다

세종의 두 질문은 유대인 고유의 교육법인 하브루타*Havruta*와도 상통한다. 적은 인구로도 세계를 주름 잡는 유대인들은 어려서부터 '질문을 던지는' 대화법으로 아이들을 교육한다. 정답을 먼저 가르치는 것이 아니라, 해답을 찾도록 하는 강력한 질문을 통해 생각하는 힘을 길러 주는 것이다. 질문하고, 대화하고, 토론하는 과정을 거치며 유대인은 다양한 견해와 폭넓은 시야를 품게 된다. 우리의 산업 현장에서도 SAO*Safety Acts Observation* · 안전행동관찰 활동을 시행할 때 이러한 2가지 질문으로 안전 수준을 점검한다면 안전에 대해 스스로 생각하는 힘을 기를 수 있고, 불안전한 행동을 능동적으로 발견하는 태도를 습관화할 수 있을 것이다.

만약 어떤 기업이 생존 중심의 경직된 기업 문화를 갖고 있다면 위의 코칭 기술이 뿌리내려 성장하기란 쉽지 않을 것이다. 반면 긍정성을 배양하는 리더의 솔선수범을 통해 이미 강한 학습 능력과 신뢰의 토양을 갖추고 있는 조직이라면 코칭 리더십은 마치 마법처럼, 조직을 변화시키고 '고유의 기업 문화'를 만들어 내는 최고의 동력으로 작용할 수 있다. 경영자 입장에서 처음에는 기업 코칭이 과거의 경영 관리 기법보다 오랜 시간이 걸린다고 느낄 수 있지만, 코칭 리더십이 본궤도에 오르면 조직 구성원들은 더 자발적으로 자부심을 가지고 일하게 되므로 조직의 리더는 다른 일에 집중할 시간을 벌게 되는 효과가 있다.

안전과 긍정을 이끄는
펠트 리더십

          경영 성과는 전략과 실행, 그리고 신뢰 사이의 함수 관계다. 조직의 리더가 제시하는 미래 전략과 구성원의 실행 능력이, 신뢰라는 커다란 받침대 위에 있을 때 기업의 성과는 최대치가 된다. 즉, 긍정성의 신뢰와 일하는 방식의 실행이 그 회사 고유의 '기업 문화'로 굳건히 자리 잡을 때 혁신적인 경영 성과를 도출할 수 있는 것이다. 그러므로 기업의 리더가 해야 하는 가장 중요한 역할은 기업 문화를 파악하고, 조직을 변화시키는 문화를 새롭게 만드는 일이다. 조직 문화를 파악하지 못한 리더가 조직을 변화시키는 것은 불가능하다. 만약 리더가 자신이 이끄는 기업의 문화를 이해하지 못한 상태에서 조직을 변화시키는 영향력을 행사할 경우 조직 구성원 간의 각종 갈등과 충돌 등과 같은 여러 문제에 직면할 수 있기 때문이다.

안전한 일터가 행복한 세상을 만든다

변화의 중심에는 리더가 있고 리더의 경영 지향이 어느 쪽을 향하느냐에 따라 기업은 되살아나기도 하고, 나락에 빠지기도 한다. 리더의 열정과 철학은 기회 있을 때마다 조직 구성원을 향해 표현되어야 한다. 무엇보다 직원들에게 리더의 진정성이 느껴지도록 솔선수범이 일상에 녹아 있는 펠트 리더십이 요구된다. 처음 기업 문화의 씨앗을 뿌릴 때는 변화를 두려워하는 관성과 저항이 크지만, 리더의 펠트 리더십이 지속적으로 발휘된다면 종국에는 새로운 문화가 조직에 뿌리내릴 수 있는 이유다.

기업 문화를 만들어 가는 과정에서 리더는 3가지를 염두에 두어야 한다. 첫째, 하나라도 정착될 때까지 제대로 하는 일이관지一以貫之의 자세다. 하나를 할 수 있다면 바탕이 되어 다른 일도 잘할 수 있을 것이다. 앞서 포스코 광양제철소의 사례에서 '안전 활동'을 기반으로 삼아 세계 최고의 철강기업으로 발전해 가는 경로를 살펴볼 수 있었고, 포스코ICT의 혁신과 변화 과정을 되짚어보면서 '감사 나눔'을 핵심으로 하는 긍정적 조직 문화의 변모를 확인할 수 있었다. '안전'과 '감사'는 모양은 다르지만 본질은 똑같은, 조직 내 '긍정성'의 발현이자 원천이다. 안전과 감사가 문화로 정착된 기업이라면 긍정의 힘을 발휘해 어떠한 위기 앞에서도 되레 위험 요인을 기회로 뒤집는 저력을 갖춘 셈이다.

둘째로, 토론 문화를 활성화해 집단 지성과 창의력을 계발해야 한다는 점이다. 우리나라 기업에는 공통적으로 토론 문화가 부족하다.

현상의 원인을 밀도 있게 사색하고 타인의 의견을 존중하는 자세로 상호 교류하는 수평적 기업 문화가 없는 탓이다. 획일적 커리큘럼에 따라 주입식 교육을 받은 조직 구성원들이 수직적 기업 문화 속에서 일하다 보니 '빨리빨리'로 일컫는 조급증을 탈피하기 어렵다.

한 가지 이슈가 떠오르면 자기 주관이나 자존감 없이 뜬소문에 휩쓸리는 것이 우리 사회의 자화상 아니던가. 괴담은 과학과 이성이 지배하는 사회라면 결코 생명력을 가질 수 없지만 한국에서는 괴담에 그렇게 속고도 새 괴담이 나오면 우르르 몰려갈 정도로 소통과 토론 문화가 취약한 우리의 민낯을 다시금 발견하게 된다.

안전한 일터가 행복한 세상을 만든다

지금은 리더 혼자서 혁신을 만들어 가기 어려운 불확실성의 시대다. 개인의 재능이 강점으로 발휘되도록 구성원들 스스로 생각하고, 남다른 길을 모색하고, 아이디어를 자유롭게 이야기하고 공유하는 열린 문화를 만드는 리더십이 필요하다. 여기에 독서를 통해 끊임없이 탐구하는 자세가 더해져야 한다. 조직 단위별 독서와 토론을 활성화해야 하고, 이를 업무에도 연계할 수 있도록 창조적 사고를 우대하는 조직 문화를 리더가 주도해야 한다.

　셋째로, 리더들의 역량 개발에 더 많은 투자를 하여야 한다는 것이다. 특히 코칭 모델과 스킬을 전문 기관의 도움을 받아 끊임없이 훈련해야 한다. 조직의 리더가 설정하는 미래 전략은 경영자의 것만이 아니라, 조직 구성원의, 궁극적으로 기업이 속한 사회 전체의 것이어야 한다. 물결이 아닌 물살을 보는 리더의 과감한 결단이 있고 나서는 팔로어 전체의 동의와 협조를 통해 비전과 목표의 내용을 구체화하는 소통과 피드백 과정이 반드시 요구된다. 피드백이 없으면 직원은 무능해지고, 리더는 독재자가 된다는 말이 있다. 특히 날로 복잡해지는 경영 환경 속에서 VP와 학습동아리^{CoP} 등의 형태를 활용한 피드백 능력을 강화해 리더와 구성원 간의 빠르고 정확한 커뮤니케이션을 제도화하도록 역점을 두어야 한다.

　경영자의 리더십은 기업 문화를 형성하고 조직이 추구하는 목적을 달성하게 하는 필수적 동력이다. 리더십은 '공동의 목표를 달성하기 위해 리더가 구성원에게 영향력을 행사하는 것'을 뜻하며, 리더와 팔로어가 상호작용하는 가운데 형성된다. 안전에 대한 중요성이 부각되면서, 산업 현장을 중심으로 조직의 안전 문화, 안전 풍토나 구성원의 안전 가치관·태도·행동에 영향을 주는 '안전 리더십*Safety Leadership*'의 개념이 등장했다. 안전 리더십은 안전 문화를 형성하는 과정에서 발휘되어야 하는 리더의 능력이다. 조직 구성원의 생명과 조직의 재산을 지키기 위해 조직의 목표를 안전으로 정하고, 비전目標를 제시하며 규범과 규정, 절차를 마련하는 일이다. 이를 통해 조직 구성원의 가치관과 의식 속에는 안전이 최우선으로 내재되어 안전한 태도를 띠게 되며, 궁극적으로 조직원 전체가 안전한 행동을 체화할 수 있게 된다. 기업 CEO의 안전 리더십은 구체적인 안전 관리 행동을 직원들이 내면화하고 실천하는 수준에 따라 성패成敗가 갈린다.

산업 현장에서 재해를 줄이는 최고의 방법은 최고 책임자가 강력한 의지를 품고 안전 리더십을 지속적으로, 일관되게 발휘하는 것이다. 안전 리더십의 근본은 직원을 사랑하는 마음에 있고, 안전을 이끄는 CEO의 리더십은 팔로어가 느끼는 솔선수범의 성격을 띠고 있어야 한다. '자기 자신을 사랑하지 않는' 자존감과 긍정성의 부족 현상은 원칙과 규정을 지키지 않고 타인을 배려하지 않는 무책임한 안전 문화로 귀결된다. 우리 사회의 수많은 사고들은 원칙을 준수하지 않아서 일어난 인재人災였으며, 이는 '안전과 긍정'의 리더십이 없었던 탓에 벌어진 결과였다고 나는 확신한다.

따라서 기업의 안전 문화 형성을 위해서는 선진 안전 관리 기법과 체계적인 안전 활동 보급과 같은 시스템상의 노력뿐 아니라, 근로자가 스스로 자존감과 주인의식을 갖고 책임감 있게 안전 문화를 내면화할 수 있도록 하는 감성적 노력이 반드시 함께 필요하다. 펠트 리더십의 요체는 CEO가 리더로서 진정성을 가지고 지속적으로 솔선수범하는 행동이다. 그렇게 함으로써 이끌어 낸 직원들의 긍정성과 실천 의지를 바탕으로 기업의 안전 문화가 정착될 수 있다.

기업 조직 내 안전제일Safety First 문화의 조성은 리더의 의지, 안전을 최우선하는 일상적 실천으로 요약할 수 있다. TBM소집단활동, 지적확인, 니어미스 등 가장 기본이 되는 안전 활동들을 평소 대충 하는 것이 아니라, 전원이 참여하여 개선을 추구하는 실제적 활동으로 진화시키는 것은 최고 책임자의 몫이다. 인식 전환 활동을 통해서 직원들 내면의 1차적 가치가 안전으로 체화되도록 끊임없이 소통하고 격려해야 한다. 안전 리더십을 품은 CEO의 진정성이 확인되면 직원들은 마음을 열고 안전을 비롯한 모든 업무에 적극적으로 나서게 된다. 이렇게 되면, 포스코의 사례에서 잘 알 수 있듯 '안전'에서 시작된 혁신적인 사고가 '품질, 생산, 설비 관리'까지 확대되어 시너지 효과가 증폭된다. 안전을 잘하는 조직은 무엇이든 잘할 수 있으며 리더의 안전 수준은 틀림없이 그 회사의 수준을 드러낸다는 말은 필자의 오랜 경험에서 우러나온 명제다.

안전 리더십의 개념은 비단 산업 현장에만 머무르지 않는다. 조직의 안전을 지키는 해법으로 '감사 나눔'을 택한 포스코ICT의 성공 사례에서 안전 리더십의 확장성을 파악할 수 있다. '안전 문화'와 '감사 나눔 문화'는 형태는 달라도 본질本質은 같은, '긍정성의 조직 문화'를 지탱하는 2개의 기둥이다. 감사를 조직 문화로 정착시킨 포스코ICT는 두터운 신뢰와 긍정의 힘을 발휘해 통합에 따른 기업 문화상의 갈등과 위험 요인을 기회로 바꿔 놓는 에너지를 뿜어냈다. 특히 '감사 나눔'의 조직 문화는 불평과 반목으로 가득한 갈등 구조의 덫에 빠져 허우적대는 우리 한국 사회를, 긍정성과 상호 존중의 방향으로 전환하는 가능성을 품고 있다.

개인과 가정, 기업은 톱니바퀴처럼 서로 맞물려 돌아가는 관계다. 기업의 활동은 조직에 속한 개인과 가정에도 큰 영향을 끼친다. 기업 문화를 바꾸면 개인의 의식과 행동이 바뀌고, 개인의 변화는 가정의 행복으로 연결될 수 있다. 서로 배려하는 가정 분위기에서 근로자의 자긍심은 고양되고, 근로자의 의식 개선으로 기업의 안전과 생산성이 더욱 향상되는 선순환이 이뤄지는 까닭이다. 이러한 기업 문화를 바꾸는 핵심 주체는 조직의 리더다. 나는 '안전과 긍정'의 펠트 리더십으로 우리 기업과 한국 사회의 풀려 버린 매듭을 단단히 묶을 수 있다고 믿는다. 개인과 기업의 잠재력을 끌어내도록 돕는 '인정, 코칭 언어, 적극적 경청, 강력한 질문, 피드백'이라는 '코칭 스킬'은 펠트 리더십을 실제적으로 구현하는 유용한 도구가 된다. 경영자나 단체의 장長만 리더인 것은 아니다. 누구나 내 삶을 주체적으로 설계하고, 내가 속한 가정과 집단의 문화를 이끌어 가는 리더로서의 자격이 있다. 자신의 가치를 소중히 여기며, 자기 위치에서 원칙을 지키고자 노력하는 리더들이 사회 곳곳에 많아진다면, 우리 주변은 더욱 안전하고 서로를 배려하는 모습으로 바뀌어 갈 수 있을 것이다.

안전한 일터가 행복한 세상을 만든다

나의 안전 리더십 Check & UP!

* 다양한 개인을 하나의 목표 지점으로 이끌어가기 위해서는 '기업 문화'의 힘이 필요하고, 기업 문화가 뿌리내리기 위해서는 신뢰에 바탕을 둔 코칭 Model과 Skill이 필요하다.

☞ 코칭에 대하여 어떻게 생각하며 교육과 훈련을 받을 의사가 있는가?

* 리더십은 시대의 흐름을 반영한다. 고정된 리더십은 무능해지기 쉽고, 세월이 변하면 리더십도 변한다. 조직을 리드하려면 그 시대의 흐름을 정확히 파악하는 능력이 필요하다.

☞ 현재 우리 회사 리더들의 리더십 유형은 전반적으로 어떠하며, 앞으로 어떤 유형으로 바뀌어 가야 한다고 보는가?

* 기업 문화를 정착시키기 위해서는 변화를 두려워하는 관성과 저항을 넘어서야만 한다. 그러기 위해서는 하나라도 정착될 때까지 제대로 일이관지(一以貫之)해야 하며, 토론 문화를 활성화해 집단 지성과 창의력을 계발해야 하고, 리더들의 역량에 더 많은 투자를 해야 한다.

☞ 토론하고 협업하며 창의력을 개발하는 기업 문화는 모두의 소망이다. 우리 회사는 어디에 중점을 두고 있는가?

안전과 긍정,
감사의 기업 문화를 향해

 오랜 기간 재직했던 포스코그룹에서의 생활을 마무리하면서, 내가 앞으로 사회에서 할 수 있는 가장 가치 있는 일은 무엇일까 고심했다. 일신우일신日新又日新이라는 좌우명처럼 늘 새로이 바뀌고 변화하고자 하는 열망에서 비롯한 고민이었다. 국가와 사회가 준 혜택을 이제껏 충분히 누려 온 경영인의 일원이기에, 기업인 생활을 하며 쌓은 경험과 노하우를 이제 후배 세대의 도약을 위해 환원해야겠다고 판단했다. 급속한 산업화와 민주화, 정보화로 이어지는 사회상의 변화를 겪으며, 치열한 성과 경쟁에 파묻혀 효율만을 추구해야 생존할 수 있던 시대를 지나, 다음 세대의 번영을 위해 사회적 갈등을 완화하고 시민 의식으로 개혁을 이루는 '선진화' 시대를 앞당겨야 한다는 책임감도 들었다.

 기업 조직을 대상으로 안전과 긍정을 기본으로 한 경영 혁신 모델인 '한국형 기업문화' 전파 활동을 시작하게 된 것도 이러한 취지에서다. 어느 기업이건 리더가 열정과 의지를 갖추고 있다면, 안전 시스템과 일하는 방식의 개선, 긍정성의 함양, 코칭 리더십 등을 주제로 조직의 변화와 직원의 성장을 위해 헌신적으로 역할을 다하고자 한다.

리더십은 시대의 흐름과 동시대를 호흡하는 개인의 기대 수준에 부응할 때 그 역량을 발휘할 수 있다. 원하든 원하지 않든, 우리 시대는 지금껏 지구촌이 경험해 보지 못한 불확실성과 역동성의 무대로 돌진하고 있다. 마치 과거에 비해 수십, 수백 배 빠르게 달리는 자동차를 탄 채 앞이 보이지 않는 도로를 운전해야 하는 상황과도 같다. 성장의 열기가 식어 버린 반면, 사회 변화의 속도는 오히려 빨라졌다.

역설적으로 이 시대가 요구하는 새로운 리더십은 '속도'가 아닌 '방향'의 가치에 무게를 두고 있다. 시간과 효율성, 성과에 대한 관점이 바뀌고 있다. 속도 경쟁에 지친 저신뢰 조직은 지속 가능한 성장을 이룰 수 없기에 경쟁력과 성과의 퇴보를 불러온다. 반면 조직 구성원이 구체화된 목표를 공유하고 함께 토론하며 발전하는 고신뢰 조직은 예상치 못한 위기 상황 속에서도 최적의 대안을 선택해 실행하는 저력을 드러낸다. 따라서 기업의 리더는 뚜렷한 주관을 가지고 미래에 대한 목표를 구성원과 공유하며 신뢰 관계*Trusted Partnership*를 두텁게 쌓아가는 감성적 펠트 리더십을 갖추어야 한다.

펠트 리더십은 산업 현장에서는 안전 리더십으로, 경영 현장에서는 긍정·감사의 리더십과 코칭 리더십으로 형태를 달리할 수 있다. 강조되는 개념은 조금씩 달라지더라도 이 세 가지 리더십은 결국 '신뢰에 바탕한 진정성'이라는 기반 위에서 발휘된다는 공통점이 있다.

우리 사회에 세월호 참사와 같은 비통하고 끔찍한 일은 다시는 반복되어선 안 된다. 그간 기업 현장의 안전에 대한 해결책을 찾아 실행했고 성과를 거둔 안전 경영 전문가로서, 국민의 안전 의식과 한국 사회의 위험에 대한 대응 체제가 일대 혁신을 이루어야만 한다고 생각한다. 특히 기업과 같은 근로 현장에서는 안전 시스템을 확실히 갖추고 조직 구성원의 안전 의식과 행동을 습관화하는 안전 문화를 만들어 내야 한다. 안전한 행동은 안전이 문화로 정착될 때에만 체질화될 수 있다. 안전을 문화로 만들 수 있는 주체는 정부와 기업이다. 정부와 기업은 경제 행위를 수행하는 주체이자 개인의 삶에 가히 절대적인 영향력을 행사하기 때문이다.

특히 개인이 일상생활 중 긴 시간을 직접적으로 보내는 일터의 환경을 제공하는 기업의 역할, 기업 경영자의 리더로서의 역할이 중요함은 두말할 나위가 없다. 즉 기업이 안전해져야 우리의 생활도 안전해진다. 기업이 인간을 존중하면 사회 전체도 생명을 귀중히 여길 수 있게 된다고 확신한다. '안전과 긍정, 감사'가 선순환하는 고유의 기업 문화가 정착될 때에만 안전한 일터가 행복한 세상을 만들 수 있다. 펠트 리더십을 발휘하는 리더들이 활약하는 안전한 대한민국의 미래를 기대한다.

고마움을 전합니다

이제껏 살아오면서 느끼고 배운 안전에 대한 모든 것을 정리한 이 책은, 나의 새로운 활동을 알리는 출발 신호와도 같다. 책을 펴내며 제철보국의 신념으로 포스코를 일구시고 강한 실행력과 기업 문화를 만들어 주신 박태준 명예회장께 감사드린다. 아울러 포스코의 모든 경영인과, 동고동락했던 선후배·동료 분들에게도 거듭 고마운 마음을 전한다. 그리고 광양기업의 황재우 사장, 조선내화의 김완기 부회장, 대주기업의 노진수 사장에게 감사를 표하고 싶다. 이 세 분의 경영인은 내가 추구해 온 펠트 리더십과 안전 경영의 가치를 함께하며 자신만의 방식으로 또 다른 기업 현장의 성공 사례를 창조한 리더들이다. 또한 내 삶의 방향성을 설정하는 과정에서 큰 영향을 끼친 손욱 교수와 박창규 교수에게 특별히 감사드린다. 내 인생의 전환점이 된 감사노트를 전해 주셨던 손욱 교수는 '행복 나눔 125' 운동과 감사 나눔 활동의 가르침으로 조직의 믿기 어려운 변화와 성과를 가능케 한 나의 멘토다. 박창규 교수를 통해 나는 리더의 필수 덕목인 리더십코칭을 배우며 자기계발을 통해 타인의 성장을 돕고 기업 성과에도 도움이 되고자 노력하고 있다. 그리고 일일이 이름을 언급하지는 못하지만 한 권의 책이 완성되기까지 애써 준 많은 손길과 이 책을 통해 기업 현장에서, 개인과 가정의 생활 속에서 '안전과 긍정, 감사'의 변화를 경험하게 될 모든 분들에게도 진심 어린 감사의 뜻을 전한다.

참고문헌

『강한 현장이 강한 기업을 만든다』, 허남석·포스코 사람들 저, 김영사, 2009

『행복한 리더가 행복한 일터를 만든다』, 허남석 저, 김영사, 2014

『안전한 일터를 만들어가는 제선인들의 이야기』, 광양제철소, 1998

『신뢰의 속도』, 스티븐 M. R. 코비 저, 정병창·김경섭 역, 김영사, 2009

『마틴 셀리그만의 긍정심리학』, 마틴 셀리그만 저, 김인자·우문식 역, 물푸레, 2014

『인지심리학』, 이정모·강은주 저, 학지사, 2009

『삼성, 집요한 혁신의 역사』, 손욱 저, 코리아닷컴, 2013

『승자의 저주』, 리처드 H. 세일러 저, 최정규·하승아 역, 이음, 2007

『리스크 인텔리전스』, 프레드릭 펀스턴·스티븐 와그너 저, 딜로이트 기업리스크 자문본부 역, 한빛비즈, 2012

『초우량 기업의 조건』, 톰 피터스·로버트 워터먼 저, 이동현 역, 더난출판, 2005

『김수환 추기경의 친전』, 차동엽 저, 위즈앤비즈, 2012

『완벽한 리더』, 이철한 저, 포스트인하우스, 2007

『백 번째 원숭이를 움직인 생각』, 아사미 호호코 저, 권남희 역, 이가서, 2004

『시크릿』, 론다 번 저, 김우열 역, 살림Biz, 2007

『임파워링하라』, 박창규 저, 넌참예뻐, 2015

『엎지른 물도 담을 수 있다』, 김성제 저, 소소리, 2010

『코칭 리더십』, 존 휘트모어 저, 김영순 역, 김영사, 2007

『굿 코칭』, 비야너 캐스베어·플레밍 비데릭슨 저, 조주섭 역, 제임스컨설팅, 2008

『조직혁신과 경영혁신』, 양창삼 저, 경문사, 2005

『스마트 코칭』, 코칭경영원, 2016

『사업장 관리자의 안전 리더십이 작업장 안전문화에 미치는 영향 연구』, 이경훈, 조선대학교 대학원 박사학위 논문(산업안전공학과), 2012

『안전문화 조성을 위한 정책방안 연구: 시민안전의식 조사 결과를 중심으로』, 송병길, 울산대학교 정책대학원 석사학위 논문(공공정책전공), 2016

안전한 일터가 행복한 세상을 만든다

'행복에너지'의 해피 대한민국 프로젝트!
〈모교 책 보내기 운동〉

대한민국의 뿌리, 대한민국의 미래 **청소년·청년**들에게 **책**을 보내주세요.

　많은 학교의 도서관이 가난해지고 있습니다. 그만큼 많은 학생들의 마음 또한 가난해지고 있습니다. 학교 도서관에는 색이 바래고 찢어진 책들이 나뒹굽니다. 더럽고 먼지만 앉은 책을 과연 누가 읽고 싶어 할까요?
　게임과 스마트폰에 중독된 초·중고생들. 입시의 문턱 앞에서 문제집에만 매달리는 고등학생들. 험난한 취업 준비에 책 읽을 시간조차 없는 대학생들. 아무런 꿈도 없이 정해진 길을 따라서만 가는 젊은이들이 과연 대한민국을 이끌 수 있을까요?

　한 권의 책은 한 사람의 인생을 바꾸는 힘을 가지고 있습니다. 한 사람의 인생이 바뀌면 한 나라의 국운이 바뀝니다. **저희 행복에너지에서는 베스트셀러와 각종 기관에서 우수도서로 선정된 도서를 중심으로 〈모교 책 보내기 운동〉을 펼치고 있습니다.** 대한민국의 미래, 젊은이들에게 좋은 책을 보내주십시오. 독자 여러분의 자랑스러운 모교에 보내진 한 권의 책은 더 크게 성장할 대한민국의 발판이 될 것입니다.

　도서출판 행복에너지를 성원해주시는 독자 여러분의 많은 관심과 참여 부탁드리겠습니다.

도서출판 **행복에너지** 임직원 일동
문의전화　0505-613-6133

책 『하루 5분, 나를 바꾸는 긍정훈련 - 행복에너지』는 '긍정훈련' 과정을 통해 삶을 업그레이드하고 행복을 찾아 나설 것을 독자에게 독려한다.
긍정훈련 과정은 [예행연습] [워밍업] [실전] [강화] [숨고르기] [마무리] 등 총 6단계로 나뉘어 각 단계별 사례를 바탕으로 독자 스스로가 느끼고 배운 것을 직접 실천할 수 있게 하는 데 그 목적을 두고 있다.
그동안 우리가 숱하게 '긍정하는 방법'에 대해 배워왔으면서도 정작 삶에 적용시키지 못했던 것은, 머리로만 이해하고 실천으로는 옮기지 않았기 때문이다. 이제 삶을 행복하고 아름답게 가꿀 긍정과의 여정, 그 시작을 책과 함께해 보자.

『하루 5분, 나를 바꾸는 긍정훈련 - 행복에너지』